全民健身计划系列丛书

长　拳

张　颖／主编

吉林出版集团股份有限公司
全国百佳图书出版单位

图书在版编目（CIP）数据

长拳 / 张颖主编. -- 长春 : 吉林出版集团股份有限公司, 2019.12（2021.10重印）
ISBN 978-7-5581-7970-9

Ⅰ. ①长… Ⅱ. ①张… Ⅲ. ①长拳－基本知识 Ⅳ. ①G852.12

中国版本图书馆CIP数据核字(2019)第270140号

CHANGQUAN

长拳

张　颖　主编

责任编辑　田　璐　朱万军
封面设计　张振东
版式设计　吉林国艺图书有限公司
责任印刷　王　起

出　　版　吉林出版集团股份有限公司
发　　行　吉林出版集团青少年书刊发行有限公司
地　　址　长春市福祉大路 5788 号
邮政编码　130118
电　　话　0431-81629800
传　　真　0431-81629812
印　　刷　永清县晔盛亚胶印有限公司
版　　次　2020 年 4 月第 1 版
印　　次　2021 年 10 月第 2 次印刷
字　　数　100 千字
开　　本　720mm × 1000mm　1/16
印　　张　8
书　　号　ISBN 978-7-5581-7970-9
定　　价　36.00 元

全民健身计划系列丛书

编委会

主 编

王月华　张　颖

副主编

方　方　范美艳

编 者

丁雪飞　于　洋　王小亮　王月华
王玞玥　王思臻　方　方　文博洋
丛广惠　白赞路　许沂铭　张　颖
张艳玲　张　月　张彦杰　张　楠
宋丽颖　苏雅娟　范美艳　唐　堃
董诗雨　董博宇　李　兵　吕国宏
杜　洋

《长　拳》
编写人员

朱景宏

前　言

党的十九大报告指出："广泛开展全民健身活动，加快推进体育强国建设。"当全民健身上升为国家战略后，日常参与健身的人群将日益扩大，大家将以各种方式强健体魄，获得感和幸福感油然而生。

面对这样可喜的局面，吉林出版集团股份有限公司青少年书刊出版发行事业部和吉林体育学院编写组共同策划、编写了"全民健身计划系列丛书"。

"全民健身计划系列丛书"能够顺应国家有关体育的大政方针，把握时代脉搏，对指导大众健身有很好的促进作用。丛书图文并茂，实用性强，力争有所创新，包括球类运动、体操健身运动、传统武术、体育舞蹈、休闲运动、格斗运动和民间体育活动等项目，通过高清图片分解健身步骤，使读者用简单易行的锻炼方式达到良好的健身效果。读者在学习的过程中，不仅能够掌握运动健身的方法，还能够学到保健方面的基本知识。

吉林体育学院的老师作为专业的体育工作者，把高等院校的理论资源转化为实践成果，使"全民健身计划系列丛书"更加具有权威性、科学性、实用性，也更贴近健身人群的需求。

希望本丛书能为社会各界热爱健身的人士提供指导与帮助。

目 录

1 第一章 概述

长拳是中国传统拳派之一，深受广大武术爱好者的青睐。练习长拳不仅可以强身健体，还可以自卫防身。

第一节 起源与发展

长拳运动从创编到现在，风靡全国。这项继承了中国传统武术精髓而又独具特色的拳种，有着自己独特的起源与发展历程。

一、起源

“长拳”一词最早记载于明代戚继光《纪效新书·拳经捷要篇》中的“古今拳家，宋太祖有三十二势长拳”。明代程宗猷所著《耕余剩技·问答》中载：“……长拳有太祖温家之类，短打则有绵张任家之类。”由此可见，明代已经有了长拳的称谓，并且出现了太祖长拳和温家长拳等类别。长拳的武术动作以放长击远为主，其动作舒展，筋顺骨直，有时在出拳时还配合拧腰顺肩来加长击打点，充分发挥了“一寸长一寸强”的优势。

现代武术中的长拳沿用了明代长拳的称谓，将有广泛群众基础的查拳、华拳、炮拳、红拳、少林拳等具有拳势舒展、快速有力、节奏鲜明等共同特点的拳术统称为长拳。现代长拳的创编以这些拳种的动作素材和基本技法为基础，并由此衍生出器械类长拳，如刀、枪、剑、棍等套路。

二、发展

长拳既适合比赛竞技，又适合基础武术训练。随着长拳的不断发展和完善，现在它已成为全民健身运动的重要组成部分。

（一）传播

随着武术事业的蓬勃发展，长拳套路在动作结构、布局安排和速度、难度、腾空跳跃等方面都有了新的突破。长拳运动的训练更加强调动作规格化，注重功力和加强攻防意识，提出了“高、难、美、新”的发展方向。如今，长拳已经成为深受人民群众喜爱的一个拳种，并逐步走向国际体坛。

（二）发展趋势

我国的长拳内容丰富，形式多样，风格独特，老少皆宜，具有广泛的群众基础。长期习练可以提高身体的协调性、灵敏性和柔韧性，有助于身体各部位的均衡发展，改善神经系统机能，对心血管系统也有良好的调节作用。

第二节 场地和装备

长拳运动对场地和装备的要求并不高，但是高质量的场地是运动顺利开展的前提，而良好的装备则是练习者发挥较高技术水平的必要保证。

一、场地

初学者最好在体育馆或武馆内的正规场地练习，练习时一定要遵循循序渐进的原则，以减少运动损伤。

（一）规格

1. 正规比赛单练和对练项目的场地长 14 米，宽 8 米。

2. 集体项目的场地长 16 米，宽 14 米。

3. 场地四周内沿应标明 5 厘米宽的边线，边线外至少有 2 米宽的安全区（集体项目场地周围至少有 1 米宽的安全区）。见图 1-2-1。

（二）设施

比赛场地应铺设地毯，以防止运动损伤。

（三）要求

1. 比赛场地上空，从地面量起至少应有 8 米的无障碍空间。

2. 两个比赛场地之间应有6米以上的距离。

图 1-2-1

二、装备

练习长拳时最好穿专业的武术服和武术鞋，这样既有利于动作的练习和美感，又可避免不必要的运动损伤。

(一)服装

1. 女子为中式半开门小褂（长袖或短袖自定），5对中式直襻。

2. 男子为中式对襟小褂（长袖或短袖自定），7对中式直襻。

3. 灯笼袖，袖口处加两对中式直襻。

4. 扎软腰巾，中式裤，西式腰，立裆要适宜。见图 1-2-2。

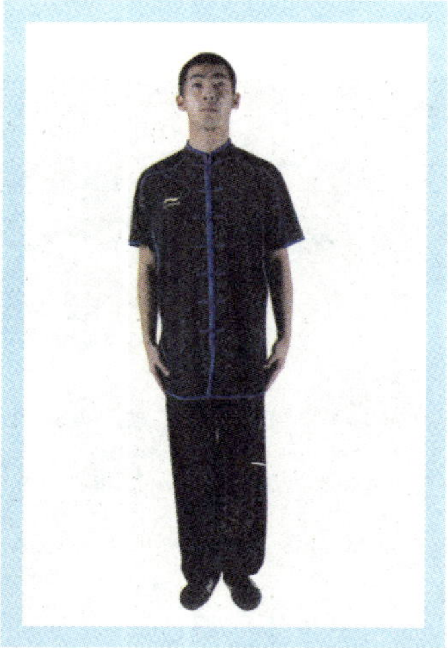

图 1-2-2

(二)鞋

比赛和表演中常见的是以羊皮或帆布制面、软胶制底的武术表演专用鞋。见图 1-2-3。

图 1-2-3

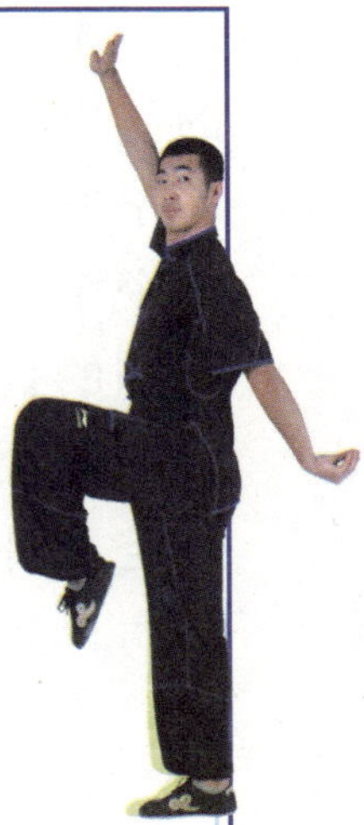

2 第二章 运动保健

体育运动对增强体质、预防疾病和促进人体健康具有良好的作用。但是，并非所有人做相同的运动都会达到同样的效果。对于同一种运动负荷，不同的人机体反应差异很大。即使是同一个个体，在不同时期、不同机能状态下，对同一负荷的反应及收到的效果也是不一样的。因此，对于不同个体，应制定适合其机能需要的运动强度、时间、频率和持续周期。从事体育锻炼一定要讲究科学性，使机体最大限度地获得运动价值，使某些疾病得到有效的防治或祛除。

第一节 自我身体评价

自我身体评价是指根据个体的不同情况，以及简单的功能评定标准，对锻炼者进行身体评价，并以此为依据，确定具体的锻炼内容。

一、适宜人群

体适能是全身适应性的一部分，是人体对现代生活的适应能力。为了促进健康、预防疾病、提高生活质量和工作学习效率，几乎所有人都可以追求健康体适能，而且经过简单的评价和测试，均可以成为目标人群，即适宜人群。

（一）健康体适能评价标准

健康体适能是指身体有足够的活力和精力处理日常事务，不会感到过度疲劳，并且还有足够的精力去享受休闲活动或应付突发事件。

健康体适能是确定锻炼者是否为运动适宜人群的主要依

据。目前的评价标准主要包括国民体质测定标准、学生体质测定标准和普通人群体育锻炼标准等。

国民体质测定标准主要包括形态指标、机能指标和素质指标 3 部分，各项指标的测定结果为 1 ～ 5 分，共 5 个级别。凡各项指标达不到 4 分或 5 分者，均应纳入健身人群。

学生体质测定标准分为优秀、良好、及格和不及格 4 个级别。优秀水平以下者，均应被纳入健身人群。

普通人群体育锻炼标准分为 5 个级别，凡达不到 4 分或 5 分者，均应纳入健身人群。

（二）简易运动功能评定

简易运动功能评定的目的在于确定锻炼者有无运动禁忌症或临时运动禁忌，即是否适合参加体育锻炼，以防万一，避免意外事故发生。目前通行的方式为 3 分钟踏台阶测试。

1. 目的

测试锻炼者运动后心率恢复情况，以评估其心肺功能。

2. 器材

30 厘米高的长凳、节拍器、秒表和时钟。见图 2-1-1。

3. 步骤

(1) 节拍器设定为每分钟 96 次，测试者依“上上下下”的节拍运动 3 分钟，每次踏上台阶应达到直膝，而且先踏上的脚先落下。

(2) 测试者完成 3 分钟踏台阶后，5 秒钟内开始测量脉搏，时间为 1 分钟，记录下心率，并依据表 2-1-1 评价功能水平。

(3) 运动后心率越低，证明心肺功能越好，在运动强度允许的范围内，锻炼者可选择运动强度的较高值来进行运动。

4. 注意事项

如测试者经过努力仍无法达标，或出现头晕、胸闷、出冷汗等症状，应立即终止测试。运动中应特别考虑运动强度，以防止出现意外。

图 2-1-1

表 2-1-1（单位：次 / 分钟）

	年龄(岁)	欠佳	尚可	一般	良好	优异
男士	18~25	>115	105~114	98~104	89~97	<88
	26~35	>117	107~116	98~106	89~97	<88
	36~45	>119	112~118	103~111	95~102	<94
	46~55	>122	116~121	104~115	97~103	<96
	56~65	>119	112~118	102~111	98~101	<97
	65+	>120	114~119	103~113	96~102	<95
女士	18~25	>125	117~124	107~116	98~106	<97
	26~35	>128	119~127	111~118	98~110	<97
	36~45	>128	118~127	110~117	102~109	<101
	46~55	>127	121~126	114~120	103~113	<102
	56~65	>128	118~127	112~117	104~111	<103
	65+	>128	122~127	115~121	101~114	<100

二、锻炼目标

锻炼目标应根据锻炼者不同的身体状况来确定，可分为近期目标和远期目标。此外，确定锻炼目标还应结合锻炼者的运动意向、愿望、兴趣，以及本人的健康状况等因素来进行。

（一）近期目标

近期目标是指锻炼者初期应达到的目标。在进行运动前，应首先明确锻炼目标，即近期目标。选择一两个健康体适能构成要素，作为未来两个月内努力完成的目标，而且应从成功概率较高的构成要素开始，并将预期两个月后要达到的目标做上记号，如提高某个或某些关节的活动幅度，增强某块肌肉或某肌肉群的力量等。

（二）远期目标

远期目标是指锻炼者最终要达到的目标。实践证明，经过科学合理的锻炼，锻炼者是可以达到一般的远期目标的，如提高心肺功能，使其达到优秀的等级，或达到降血脂和防治高血压、冠心病的目的等。

三、运动负荷

运动负荷即运动量。怎样控制运动量、合适的运动时间是多少等，一直是有争议的问题。但有一点是可以肯定的，任何的意见和建议，都需要综合考虑锻炼者的身体状况和所要达到的目标，并以此为依据来制订科学的身体锻炼计划。

（一）运动强度

在运动过程中，运动强度过小，无法达到锻炼效果；运动强度过大，不仅达不到最佳的锻炼效果，还可能产生一些副作用，甚至出现意外事故。确定运动强度有两种方法，即心率简易推测法和主观感觉疲劳分级表推测法。

1. 心率简易推测法

（1）年龄在20岁左右的年轻人，身体健康，能坚持体育锻炼，欲进一步提高身体机能，可取最大心率值（最大心率值=220-年龄）的65%～85%。

（2）年龄在45岁以下，身体基本健康，有运动习惯者，开始进行健身锻炼，可取最大心率值的65%～80%；没有运动习惯者，开始进行健身锻炼，可取最大心率值的60%～75%。

（3）年龄在45岁以上，身体基本健康，有运动习惯者，开始进行健身锻炼，可取最大心率值的60%～75%；没有运动习惯者，建议根据自身情况咨询专业人员来指导和确定运动强度。

2. 主观感觉疲劳分级表推测法

运动的疲劳程度大致分为10级，具体为：0～1级，没感觉；2～3级，尚轻松；4～5级，稍累；6～7级，累；8～9级，很累；10级，精疲力竭。因此，健身锻炼的运动强度应控制在主观感觉疲劳程度的4～7级之间。

（二）运动频率

运动频率是指每日及每周锻炼的次数。一般每周锻炼3～4次，即隔日锻炼1次即可。充足的休息时间可使机体得到充分的休息，能收到更好的锻炼效果。

（三）运动持续时间

运动强度和运动持续时间决定了一次锻炼的运动量和热量消耗。运动持续时间与运动强度成反比，运动强度大，运动持续时间可相应缩短；运动强度小，则运动持续时间相应延长。一般的健身锻炼，运动持续时间以每天 20 ～ 60 分钟为宜，其中包括准备活动时间、健身锻炼时间和整理活动时间。每次健身锻炼应在 20 分钟以上，锻炼可一次性完成，也可分段进行，但每段活动时间应在 10 分钟以上。

第二节 运动价值

运动价值是人们一直在探讨的问题。一般认为，运动具有两个方面的价值，即健身价值和心理价值。身体和精神的健康是相互依存的，伴随着身体功能的改善，精神状况也能同时得到改善。

一、健身价值

健身价值在于提高体适能。体适能包括心肺耐力素质、肌肉力量素质、柔韧性素质和身体成分等。体适能的发展是积极从事锻炼的结果，只有规律性的体育锻炼才能达到最佳的体适能。

(一)提高心肺耐力素质

心肺耐力是指全身肌肉进行长时间运动的持久能力，是体内心肺系统对身体各细胞的供氧能力。人体的心脏、肺、血管、血液等组织的功能是心肺耐力的基础，与氧气和营养物质的输送以及代谢物的清除有关。健全的心肺功能是健康的基本保证。

系统的体育锻炼，可以使心肌增厚，收缩力加强，心室容积增大，从而使心脏的泵血功能增强，表现为心血输出量增加，心脏的能力得到提高。

系统的体育锻炼，也可使呼吸系统机能得到提高，表现为呼吸肌力量增强，肺活量、肺通气量明显增加，呼吸系统的工作能力提高，同时还提高了向机体供氧的能力。

系统的体育锻炼，可以促进血管系统的形态、机能和调节能力，提高机体的工作能力。

系统的体育锻炼，可以使血液系统产生某些适应性变化，如血容量增加、血黏度下降、红细胞膜弹性增强、红细胞变形能力增强等。

（二）提高肌肉力量素质

肌肉力量是指肌肉最大收缩产生的对抗阻力或负荷的能力。肌肉力量只有达到一定程度，才能克服外界阻力，而克服外界阻力是维持日常生活自理能力，从事各种劳动和运动的必要前提。

系统的体育锻炼，可以提高肌肉的生理横断面积，改善神经系统对肌肉收缩的支配功能，还可以提高肌肉内代谢物质的储备量，以有效地提高肌肉质量，使肌肉力量得到提高。

（三）提高柔韧性素质

柔韧性是指人体各关节的活动幅度，即关节的肌肉、肌腱和韧带等软组织的伸展能力。柔韧性对于保证正常生活质量、维持正常体态、预防损伤发生和减轻损伤程度等方面均起着至关重要的作用。

通过系统的体育锻炼，可以延缓因年龄因素而导致的身体柔韧性下降，预防因缺乏运动而导致的关节结构、周围软组织和膝关节肌肉退化，从而使锻炼者在日常生活、劳动和运动时充满活力。

（四）改善身体成分

身体成分是指人体体重中的脂肪组织和去脂组织的重量百分比。身体成分中的脂肪成分增加，肌肉成分必然下降。身体中不具备收缩功能的脂肪组织增加，必然导致身体进行各种活动的能力下降、基础代谢水平降低和肥胖症、冠心病、高血压、糖尿病、高血脂等慢性疾病发病率的升高。因此，合理的身体成分是保证人体健康的重要内容之一。

系统的体育锻炼可以使锻炼者的体质得到增强，这样，热量消耗便会随之增加，进而燃烧体内多余的脂肪，使身体成分得到改善。而身体成分的改善，又可以减少体重对关节带来的不利影响，还可以使肥胖者的心理状况得到改善，增强其自信心，逐步建立健康的生活方式。

二、心理价值

研究证明，体育锻炼不但可以使锻炼者增强体质、促进身体健康、预防慢性疾病，还可以提高锻炼者的生活满意度和生活质量，对其心理健康产生明显的积极影响。

体育锻炼的心理健康效应主要表现在以下 6 个方面：

（一）改善情绪状态

1. 短期效应

研究发现，体育锻炼对人的情绪状态具有显著的短期效应。运动后人们的焦虑、抑郁、紧张和心理紊乱程度显著减轻，而精力和愉快程度则显著增强。这种情绪的迅速变化，与锻炼者个体的健康状况、活动形式和活动强度等有直接的联系。

2. 长期效应

体育锻炼对人情绪的长期效应有直接影响，与不锻炼者相比，有规律的锻炼者在较长时期内很少会产生焦虑、抑郁、紧张和心理紊乱等情绪。

（二）完善个性行为特征

人的行为特征一般可以分为两种类型，用 A 型行为特征和 B 型行为特征来表示。A 型行为特征主要表现为性情急躁、争

表 2-2-1 A、B 型行为特征表现

A 型行为特征者常见表现	B 型行为特征者常见表现
约会从来不迟到	对约会很随便
竞争意识很强	竞争意识不强
别人要讲话时总爱抢先或插话	别人讲话时是很好的听众
总是匆匆忙忙	即使有压力也从不匆忙
等待时缺乏耐心	能够耐心等待
做事全力以赴	处事漫不经心
同时想做很多事	在一定时间里只做一件事情
讲话喜欢加重语气，甚至敲桌子	讲话语速缓慢、不慌不忙
做了好事希望能得到别人的承认	只要自己满意即可，不管别人怎么想
吃饭、走路都很快	没什么业余爱好
不善与人相处	为人随和
容易暴露自己的情感	能控制自己的感情
具有广泛的兴趣	满足于目前的工作和学习状况
胸怀雄心壮志	做事情很慢

强好胜、容易激动、整天忙碌等；B 型行为特征主要表现为不好竞争、不易紧张、不赶时间、待人随和、喜欢自由自在等。具有 A 型行为特征的人由于过度紧张的情绪反应，会引起内分泌失调，增加心脏病发病的概率。目前的一些研究主要集中在体育锻炼对改变 A 型行为特征的作用方面。研究结果表明，有规律的体育锻炼能明显改变 A 型行为特征，使其发生显著的积极变化。见表 2-2-1。

（三）确立良好的自我概念

自我概念是指个体对自己身体、思想和情感的主观整体评价，由许多自我认识组成，包括我是什么人、我主张什么和我喜欢什么等。

坚持体育锻炼，可以使锻炼者体格强健、精力充沛、提高驾驭身体的能力，从而改善对自身的满意程度，确立良好的自我概念。

（四）改变睡眠模式

根据脑电图显示，人的睡眠可以分为两种状态，即慢波睡眠状态和快波睡眠状态，前者为浅度睡眠状态，后者为深度睡眠状态。一夜之间两种睡眠状态会交替发生 4 ～ 5 次。

有规律的体育锻炼不仅对慢波睡眠有改善作用，而且能缩短入眠的潜伏期，延长睡眠时间。

（五）改善认知能力

体育锻炼还能改善人的认知过程，避免反应时间过长、注意力不集中和思维混乱等症状的发生，尤其对老年人认知能力的改善效果更为明显。

（六）增强心理治疗效应

体育锻炼被公认为是心理治疗的好方法。目前，人群中常见的心理疾病是抑郁症和焦虑症。研究发现，体育锻炼是治疗抑郁症的有效手段之一。抑郁症患者经过有规律的体育锻炼，能显著减轻症状。

体育锻炼还具有治疗焦虑症的作用，通过有规律的体育锻炼，锻炼者的焦虑症状可以得到明显缓解。

第三节 运动保护

在运动过程中，人体机能会随时发生变化。因此，应针对这个特点来进行体育锻炼，也就是我们所说的运动保护。运动保护一般包括运动前准备、运动后放松和自我养护 3 个方面。

一、运动前准备

准备活动是指在正式运动之前进行的有目的的身体练习。做好充分的准备活动，可以缩短机体进入最佳状态的时间，同时还可以预防运动损伤的发生，为机体发挥最大的工作效率做好功能上的准备。

（一）准备活动的作用

1. 提高中枢神经系统兴奋状态

(1) 使大脑反应速度加快，参加活动的运动中枢神经间相互协调。

(2) 为正式运动时生理机能达到适宜程度提前做好准备。

2. 提高机体代谢水平

(1) 准备活动可以使锻炼者体温升高，降低肌肉黏滞性，使肌肉的伸展性、柔韧性和弹性增强，从而有效预防运动损伤的发生。

（2）准备活动可以增强体内代谢酶的活性，使物质代谢水平提高，以保证运动时有较充分的能量供应。

3. 克服内脏器官生理惰性

（1）准备活动可以提高心血管系统和呼吸系统的机能水平，使肺通气量及心血输出量增加。

（2）可以使心肌和骨骼肌的毛细血管扩张，使其工作肌获得更多的氧，从而克服内脏器官的生理惰性，使之尽快达到最佳状态。

4. 增加皮肤毛细血管血流量

准备活动可以使皮肤毛细血管的血流量增加，运动后毛细血管扩张，有利于散热，降低体温，有效防止正式活动时由于体温过高而影响运动能力。

（二）准备活动的要求

1. 准备活动的时间

（1）准备活动的时间可以根据运动项目的具体情况确定，一般以 10 ～ 30 分钟为宜。

（2）准备活动与正式运动的间隔时间，一般以不超过 15 分钟为宜，可以在做完准备活动后立刻进行正式运动。

2. 准备活动的强度

（1）准备活动的强度和量应较正式运动小，以免引起疲劳。

（2）准备活动的量可以由心率决定，心率以 100 ～ 120 次 / 分钟为宜。

（三）一般性准备活动

一般性准备活动的内容多以伸展运动开始，然后进行一般性的跑步、徒手体操等活动。

下面介绍一套常用的一般性准备活动操，供锻炼者运动前使用。这套活动操主要包括头部运动、肩部运动、扩胸运动、体侧运动、体转运动、髋部运动和踢腿运动等。

1. 头部运动

两手叉腰，两脚左右开立，做头部向前、向后、向左、向右，以及绕环运动。见图 2-3-1。

图 2-3-1

2. 肩部运动

手扶肩部，屈臂向前、向后绕环，以及直臂绕环。见图 2-3-2。

图 2-3-2

3. 扩胸运动

屈臂向后振动及直臂向后振动。见图 2-3-3。

图 2-3-3

4. 体侧运动

两脚左右开立，一手叉腰，另一臂上举，并随上体向对侧振动。见图 2-3-4。

图 2-3-4

5. 体转运动

两脚左右开立，两臂体前屈，身体向左、向右有节奏地扭转。见图 2-3-5。

图 2-3-5

6. 髋部运动

两脚左右开立，两手叉腰，髋关节放松，向左、向右 360 度旋转。见图 2-3-6。

图 2-3-6

7. 踢腿运动

两臂上举后振，同时一腿向后半步，重心置于前腿，两臂下摆后振，同时向前上方踢腿。见图 2-3-7。

图 2-3-7

二、运动后放松

运动后放松是指运动后进行的一些能够加速机体功能恢复的、较轻松的身体活动。与运动前的准备活动相反，其目的是使锻炼者的生理机能水平逐步得到恢复。

（一）放松方法

1. 运动性手段

（1）运动结束后，锻炼者可采用变换运动部位的方法来消除疲劳，如上肢出现疲劳时可做一些慢跑运动，下肢出现疲劳时，可做一些上肢运动。

（2）转换运动类型也是一种不错的放松方法，如打羽毛球出现疲劳时可做瑜伽来达到放松的目的。

（3）还可以用调整运动强度的方法来缓解疲劳，如可以在放松过程中，采用小强度的轻微运动方法等。

2. 整理活动

(1) 整理活动是指运动后所做的一些能够加速机体功能恢复的身体活动，如剧烈运动后进行 3 ～ 5 分钟慢跑或其他整理活动，使身体机能得以恢复。

(2) 剧烈运动后若不做整理活动而骤然停止动作，会影响氧气的补充和静脉血的回流，使机体血压降低，引起不良反应。见图 2-3-8。

(二) 注意事项

1. 在进行整理活动时动作应缓慢、放松，运动量不要过大，否则会引发新的疲劳。

2. 在进行整理活动时，应当保持心情舒畅、精神愉悦。

图 2-3-8

三、自我养护

锻炼后，锻炼者感觉身体疲劳是一种正常的生理现象，是体育锻炼过程中的正常反应。随着体育锻炼时间的延长，疲劳症状自然会消失。运动性疲劳出现后，锻炼者如果采用一些自我养护措施，可以加速身体机能的恢复，尽快消除疲劳，提高锻炼效果。常见的自我养护方法主要包括运动后休息、合理营养和物理手段。

(一)运动后休息

1. 静止性休息

(1) 静止性休息是指锻炼者运动后保持机体相对静止的状态，以促进身体机能恢复，尽快消除疲劳。

(2) 静止性休息的最佳方式是睡眠，特别是刚开始从事锻炼者，身体不适应或疲劳症状明显时，更应该保证充足的睡眠，否则，锻炼者虽然积极参加了体育锻炼，但收效甚微，甚至会导致过度疲劳症状的发生。

(3) 静止性休息更适合消除全身运动导致的整体疲劳症状。见图 2-3-9。

图 2-3-9

2. 积极性休息

(1) 积极性休息更适合由于少量肌肉群参与工作而导致的局部疲劳，或运动强度较大而导致的快速疲劳。

(2) 积极性休息可以加速血液循环，有利于代谢物排出体外，对促进身体机能的恢复具有明显的效果。见图 2-3-10。

图 2-3-10

(二)合理营养

小强度、长时间的运动形式,主要是靠糖原的有氧代谢提供能量。运动后应及时补充淀粉类食物,如面粉、大米等,以促进糖原的合成。随着人民生活水平的提高,在饮食结构中,肉类食品的比重不断增加,而淀粉类食品的比重逐渐减少,这一现象应当引起人们的注意。特别是老年人参加体育锻炼,更应注意对淀粉类食物的补充。

强度较大、时间又相对较长的运动形式,主要是靠糖原的无氧代谢提供能量。这样,糖原无氧代谢产物——乳酸便会在体内大量堆积。因此,运动后应多补充蔬菜、水果等碱性食品,以加速乳酸的清除,尽快消除疲劳。见图 2-3-11。

图 2-3-11

（三）物理手段

1. 按摩及牵拉

（1）通过按摩刺激神经末梢、皮肤结缔组织和毛细血管，可以使紧张的肌肉得以放松，从而改善局部组织，加速全身的血液循环，达到促进身体机能恢复的目的。这种方法可以在锻炼后马上进行。

（2）此外，还可以采取缓慢牵拉肌肉的方法，使收缩的肌肉得到充分的伸展放松。见图 2-3-12。

图 2-3-12

2. 水疗及电疗

（1）水疗包括芬兰式蒸汽浴、热水浴和桑拿浴等多种形式，主要作用是通过提高体温促进血液循环，清除代谢物，以达到尽快消除疲劳、恢复体力的目的。

（2）水疗的时间一般以不超过 30 分钟为宜，如果时间过长，会进一步消耗体力，严重时甚至会出现暂时性脑缺血现象。

（3）如果条件允许，还可以对疲劳的肌肉进行低频治疗。低频治疗仪的原理是模拟针灸疗法，使用时将电极用不干胶对称地粘贴在运动部位表皮上。这种疗法可以促进局部血液循环，改善组织代谢，缓解肌肉酸痛，消除疲劳。

3

第三章 基本技术

基本技术是长拳练习的入门技术，是各种套路动作的基础。只有熟练掌握了基本技术，才能在套路表演中挥洒自如，游刃有余。长拳的基本技术包括手形与手法、步形与步法、腿法、跳跃动作和平衡等。

第一节 手形与手法

手形与手法是长拳技术中上肢进攻和防守时，手的形状和上肢的运动方法。只有正确掌握手形与手法，才能保证长拳动作的规范性。

一、手形

长拳的手形包括拳、掌和勾等。

（一）拳

1. 动作方法

四指并拢卷握，拇指紧扣食指和中指的第二指节。见图3-1-1。

2. 技术要点

拳握紧，拳面平，直腕。

3. 错误纠正

练习时易出现拳面不平、屈腕等问题。因此，应了解拳的攻防作用，体会动作要领。

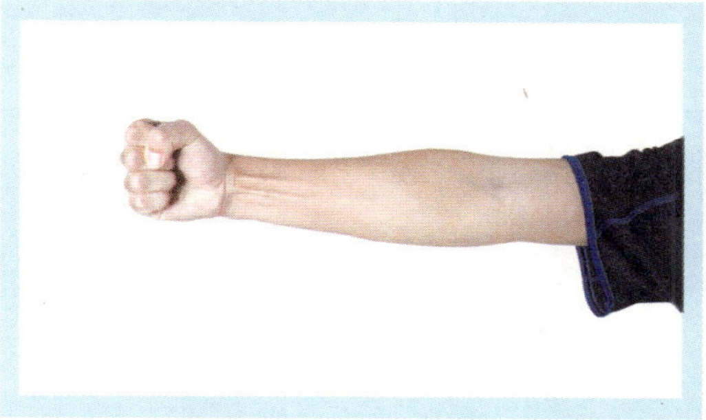

图 3-1-1

（二）掌

1. 动作方法

四指并拢伸直，拇指弯曲，紧扣于虎口处。见图 3-1-2。

2. 技术要点

掌心开展，竖指，立腕。

3. 错误纠正

练习时易出现松指、掌背外凸等问题。因此，应了解掌的攻防作用，注意压掌。

图 3-1-2

（三）勾

1. 动作方法

五指第一指节捏拢在一起。见图 3-1-3。

2. 技术要点

五指伸直，屈腕。

3. 错误纠正

练习时易出现松指、腕未扣紧等问题。因此，应强调屈腕，掌握勾手的攻防含义。

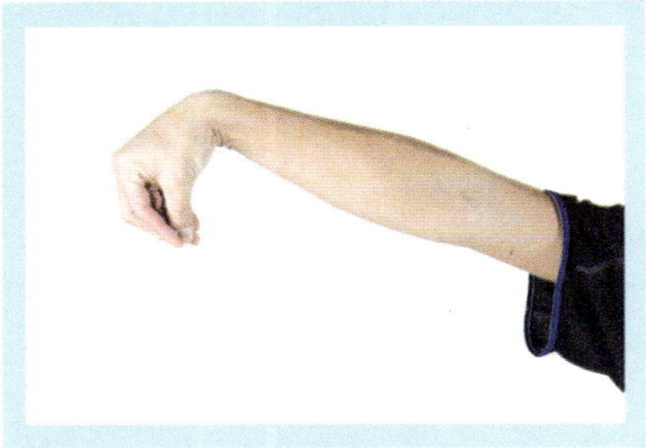

图 3-1-3

二、手法

手法包括冲拳、架拳和推掌等。

（一）冲拳

1. 动作方法

（1）两脚左右开立，与肩同宽，两拳抱于腰间，拳心向上，肘尖向后。

（2）右拳经腰间内旋，向前冲出，力达拳面。见图 3-1-4。

2. 技术要点

（1）出拳要快速有力。

(2) 做好拧腰、顺肩、急旋前臂的动作。

3. 错误纠正

练习时易出现冲拳无力、力点不准、拳面不平、屈腕、拳未从腰间冲出等问题。因此，应体会动作要领，多进行击靶练习，强调动作攻防含义。

图 3-1-4

(二) 架拳

1. 动作方法

(1) 右拳向下、向左、经头前向上，然后经头前向右上方划弧架起，拳眼向下，目视左侧。

(2) 可进行左右交替练习。见图 3-1-5。

2. 技术要点

松肩，肘略屈，前臂内旋。

3. 错误纠正

练习时易出现摆臂不顺，架拳不够

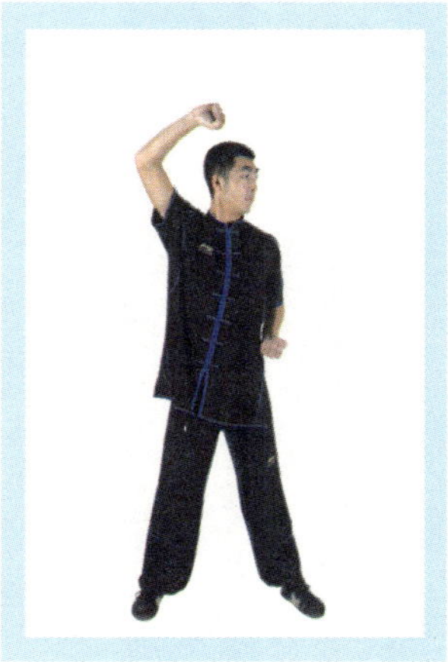

图 3-1-5

稳健、舒展，动作路线不对等问题。因此，应摆臂时松肩，架拳时注意利用对方打来之拳，体会动作要领。

（三）推掌

1. 动作方法

（1）左拳变掌，前臂内旋，并以掌根为力点向前猛力推出。

（2）可进行左右交替练习。见图 3-1-6。

2. 技术要点

（1）挺胸、收腹、直腰，出掌快速有力，有爆发力。

（2）做好拧腰、顺肩、沉腕、翘掌等动作。

3. 错误纠正

练习时易出现推掌无力、力点不准、掌未从腰间推出等问题。因此，应多体会动作要领，多进行击靶练习，强调动作攻防含义。

图 3-1-6

第二节 步形与步法

步形与步法是指长拳技术中下肢进攻和防守时，腿、脚的变换形状和运动方法。通过练习，主要增进腿部的速度和力量，以提高两腿移动转换的灵活性和稳固性。

一、步形

步形包括弓步、马步、仆步和虚步等。

(一)弓步

1. 动作方法

(1) 左脚向前一大步（约为本人脚长的 4～5 倍），脚尖略内扣，左腿屈膝半蹲（大腿接近水平），膝部与脚尖垂直，右腿挺膝伸直，脚尖内扣（斜向前方），两脚全脚掌着地，上体正对前方，目视前方，两手抱拳于腰间，拳心向上。

(2) 弓左腿为左弓步，弓右腿为右弓步。见图 3-2-1。

2. 技术要点

前腿弓，后腿绷，挺胸、塌腰、沉髋，前脚同后脚呈一条直线。

图 3-2-1

3. 错误纠正

练习时易出现后脚拔跟或外掀脚掌、后腿屈膝、上体前倾等问题。因此，应脚跟蹬地，提高膝和踝关节的柔韧性，后腿挺膝，用力后蹬，头部上顶，并注意沉髋。

(二)马步

1. 动作方法

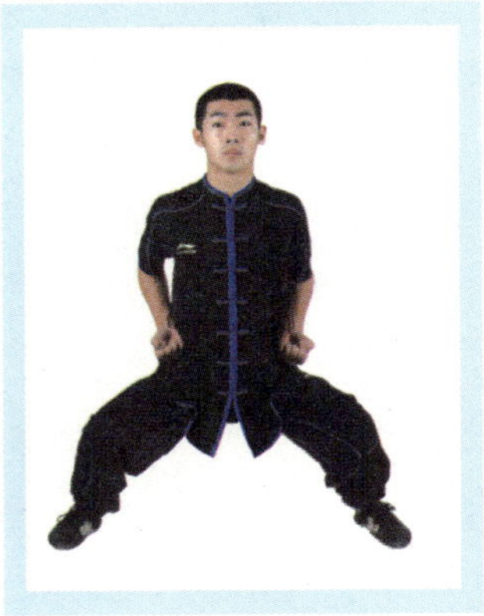

图 3-2-2

两脚平行开立（约为本人脚长的3倍），脚尖正对前方，屈膝半蹲，膝部不能超过脚尖，大腿接近水平，全脚着地，身体重心落于两腿之间，两拳抱于腰间，拳心向上。见图 3-2-2。

2. 技术要点

挺胸、塌腰，脚跟外蹬。

3. 错误纠正

练习时易出现脚尖外撇、两脚距离过大或过小、弯腰跪膝等问题。因此，应站立做里扣脚尖练习，注意脚跟外蹬，量出三脚距离后，再下蹲呈马步，强调挺胸、立腰后再下蹲，膝盖不得超过脚尖。

(三)仆步

1. 动作方法

(1) 两脚左右开立，右腿屈膝半蹲，大腿与小腿紧靠，臀部接近小腿，右脚全脚掌着地，脚尖和膝关节外展，左腿挺直平仆，脚尖里扣，全脚着地，两手抱拳于腰间，拳心向上，目视左方。

(2) 仆左腿为左仆步，仆右腿为右仆步。见图 3-2-3。

图 3-2-3

2. 技术要点

挺胸，塌腰，沉髋。

3. 错误纠正

练习时易出现平铺腿伸不直、脚外侧掀起、脚尖上翘外展、全蹲腿未蹲到底、脚跟提起、上体前倾等问题。因此，应使平仆腿的脚外侧抵住固定物，不让脚外侧掀起，或脚尖上翘外展，多做仆步压腿练习，增加踝关节柔韧性，注意腿平仆时沉髋、拧腰，挺胸、立腰后再下蹲呈仆步。

(四)虚步

1. 动作方法

(1)两脚前后开立,右脚外展45度，屈膝半蹲，左脚脚跟离地，脚面绷平，脚尖略内扣，虚点地面，膝略屈，重心落在后腿，两手叉腰，目视前方。

(2) 左脚在前为左虚步，右脚在前为右虚步。见图 3-2-4。

图 3-2-4

2. 技术要点

挺胸、塌腰，虚实分明。

3. 错误纠正

练习时易出现虚实不清、支撑腿

蹲不下去等问题。因此，应前脚先不着地，等支撑腿下蹲后，前脚尖再虚点地面呈虚步，同时做单腿屈蹲或两腿负重屈蹲练习，脚尖外展，增强下肢力量。

二、步法

步法包括击步、垫步和弧形步等。

(一) 击步

1. 动作方法

(1) 上体前倾，后脚离地提起，前脚随即蹬地前纵。

(2) 在空中时，后脚向前碰前脚，落地时，后脚先落，前脚后落，目视前方。见图 3-2-5。

2. 技术要点

跳起在空中时，要保持上体正直并侧对前方。

3. 错误纠正

练习时易出现两脚不碰击等问题，因此，应练习原地跃起，两脚碰击动作。

图 3-2-5

(二)垫步

1. 动作方法

后脚离地提起，脚掌向前脚处落步，前脚立即以脚掌蹬地向前上方提起，将位置让与后脚，然后再屈膝提腿向前落步，目视前方。见图 3-2-6。

2. 技术要点

跳起在空中时，保持上体正直，并侧对前方。

3. 错误纠正

练习时易出现两脚相碰，与击步混淆等问题。因此，应强调前脚前移迅速，后脚踩踏前脚位置。

图 3-2-6

（三）弧形步

1. 动作方法

两腿略屈，两脚迅速连续向侧前方行步，每步大小略比肩宽，走弧形路线，目视前方。见图 3-2-7。

2. 技术要点

(1) 挺胸、塌腰，保持半蹲姿势，身体重心移动要平稳，不要有起伏。

(2) 落地时，由脚跟迅速过渡到全脚支撑，并注意转腰。

3. 错误纠正

练习时易出现行进间路线不呈弧形等问题。因此，应按“S”形路线进行练习。

图 3-2-7

第三节 腿法

腿法练习主要是为了发展腿部的柔韧性、灵活性和力量等，包括正踢腿、侧踢腿和里合腿等。

一、正踢腿

1. 动作方法

(1) 两手立掌侧平举，两腿呈并步站立，挺胸、抬头，目视前方。

(2) 左脚向前上半步，左腿支撑，右脚脚尖勾起，向前额处猛踢，目视前方。

(3) 可进行左右交替练习。见图3-3-1。

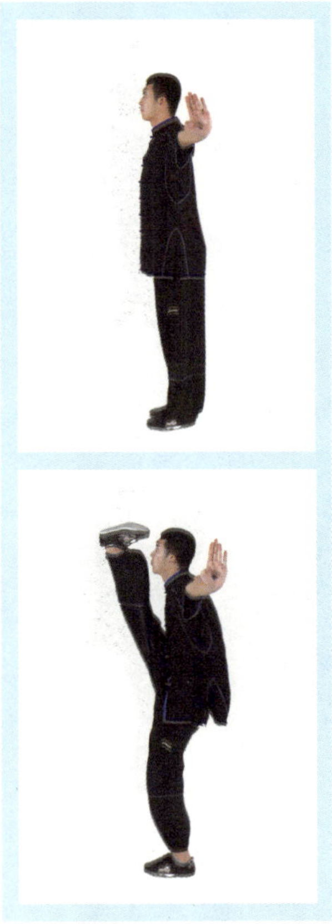

图 3-3-1

2. 技术要点

(1) 挺胸、直腰，踢腿时脚尖勾起绷落或勾起勾落。

(2) 收髋， 猛收腹，踢腿过腰后加速，要有爆发力。

3. 错误纠正

练习时易出现俯身弯腰、拔跟或送

髋、动作缓慢无力等问题。因此，应收下颌、头上顶，直腰，两臂外撑以固定胸廓，降低踢腿高度，腿上踢时收髋，支撑腿全脚掌着地，按口令要求的速度进行踢腿练习，左右交替进行。

图 3-3-2

二、侧踢腿

1. 动作方法

(1) 右脚向前上半步，脚尖外展，左脚脚跟略提起，身体略右转，左臂前伸，右臂后举。

(2) 右臂屈肘上举亮掌，左臂屈肘立掌于右肩前或垂于裆前，目视右侧，同时右脚脚尖勾紧，向右耳侧踢起。

(3) 踢左腿为左侧踢，踢右腿为右侧踢。见图 3-3-2。

2. 技术要点

挺胸，直腰，开髋，侧身，猛收腹。

3. 错误纠正

练习时易出现俯身弯腰、动作缓慢无力等问题。因此，应收下颌、头上顶，直腰，两臂外撑以固定胸廓，按口令要求的速度进行踢腿练习，左右交替进行。

三、里合腿

1. 动作方法

(1) 左脚向左前方上半步，右脚脚尖勾起里扣，并向左上方踢起，经面前向右侧上方直腿摆动，落于左脚外侧。

(2) 左掌可在左侧上方迎击右脚掌（击响），也可不做击响动作，目视前方。

(3) 可进行左右交替练习。见图 3-3-3。

2. 技术要点

(1) 挺胸，直腰，松髋，合髋。

(2) 里合幅度要大，呈扇形。

3. 错误纠正

练习时易出现外摆幅度不够、动作缓慢无力等问题。因此，应练习外摆腿越过适当高度的障碍，体会外摆动作要求，按口令要求的速度进行踢腿练习，左右交替进行。

图 3-3-3

第四节 跳跃动作

跳跃动作是武术技术中较复杂的动作。在武术套路中，要求跳跃动作矫健、敏捷，腾空如飞，下落轻灵稳健。在技击时，跳跃起来可以更好地施展腿法和手法，进行攻击和防守。练习跳跃动作，对增强腿部力量，提高练习者的弹跳能力，都具有很好的作用。跳跃动作包括腾空飞脚、旋风脚、腾空摆莲、侧空翻和旋子等。

一、腾空飞脚

1. 动作方法

（1）右脚上步，左腿向前、向上摆踢，右脚蹬地跃起，身体腾空，两臂由下向前、向头上摆起，右手背迎击左手掌。

（2）在空中，右腿向前上方弹踢，脚面绷直，右手迎击右脚面。

（3）左腿屈膝，左脚收控于右腿侧，脚面绷直，脚尖向下，左手在击响的同时摆至左侧上方，上体略前倾，目视前方。见图3-4-1。

2. 技术要点

（1）右腿在空中踢摆时，脚高必须过腰，左腿在击响的一瞬间，屈膝收控于右腿侧。

（2）在腾空的最高点完成击响动作，击响动作必须连续、准确、响亮。

(3) 在空中，上体正直而略向前倾，不要坐臀。

3. 错误纠正

起跳后易出现上体过于前俯、坐臀，致使重心下坠等问题。因此，应多做行进间的单拍脚练习，上体正直，降低腾空高度，掌握正确动作后，逐步加大腾空高度，完成空中造型。

图 3-4-1

二、旋风脚

1. 动作方法

(1) 两腿分开站立，与肩同宽，两手放于体侧，右臂向前上方弧形摆掌，掌心向斜上方，同时左臂屈肘，左掌收于腰间，掌心向上，上体略右转，目随右掌；右掌经体前向左、向下、向右、向头上抖腕亮掌，掌心向上，掌指朝左，同时左掌从右臂内穿出，经胸前向上、向左摆至左侧，掌心朝外，高与肩平；左脚在右臂抖腕亮掌的同时收于体前，脚尖虚点地面，呈高虚步，头部左转，目随右掌抖腕亮掌，转视左侧。

（2）左脚向左上步，身体随之左转，同时左手向前推出，右臂伸直向后，向下摆动。

（3）右腿随即上步，脚尖内扣，准备蹬地踏跳，左臂向下摆动并屈肘收至右胸前，同时右臂向上、向前抡摆，上体向左旋转，重心右移；左腿屈膝蹬地起跳，右腿提起向左上方摆动，上体向左上方翻转，同时两臂向下、向左上方抡摆。

（4）身体向左旋转一周，右腿在空中完成里合腿，左手在前面迎击右脚掌，左腿自然下垂。见图 3-4-2。

2. 技术要点

（1）做里合腿时，右腿要贴近身体，摆动时膝部挺直，由外向里呈扇形。

（2）击响点要靠近面前，左腿外摆要舒展，并在击响的一刹那离地腾空。

（3）初学时，左腿可自然下垂，当能够较熟练地做腾空动作时，左腿逐步摆高，屈膝或直腿收控于身体左侧。

（4）抡臂、踏跳、转体、里合右腿等环节要协调一致，身体的旋转不少于 270 度。

3. 错误纠正

练习时易出现上下脱节、转体角度不够、动作不协调等问题。因此，应多做不加腿法的转体 360 度“翻身跳”练习，提高身体的旋转能力。

图 3-4-2

三、腾空摆莲

1. 动作方法

(1) 并步站立，右脚后撤一大步，同时右臂向前、向上挑掌，左臂后摆至体后，重心后移，左脚回收至身前，虚点地面，呈高虚步，同时右臂向上、向后、向下、向前绕环一周于身前挑掌，高与肩平；掌指朝上，左臂向前、向上、向后绕环抡摆至身后与肩齐平的部位，掌指上挑，两肩随两臂转动，上体挺胸、直腰、顺肩，目随右掌转视前方。

(2) 右脚随之向前进一大步，脚尖外展，屈膝略蹲，在上右步的同时，右掌弧形回收至腰间，左臂右后经上摆至头前上方，右腿蹬伸上跳，左腿屈膝提起，左脚收扣于身前，身体腾空，右臂在跳起的同时经左臂内侧向上挑，左腿顺势摆向身后，目随右掌转视左侧；头右转，右肩前顺，右脚落地，左脚随之在身前落步，右脚再进一步，脚尖外展，身体右转，同时右臂顺势下落，左臂前摆。

(3) 右脚蹬地跳起，同时左腿向右上方里合踢摆，两手于头上击响，上体向右旋转，身体腾空，右腿外摆，两手先左后右拍击右脚面，左腿屈膝收控于右腿侧，上体略前倾，目随两手。见图 3-4-3。

2. 技术要点

(1) 上步要呈弧形，右脚踏跳时，注意脚尖外展和屈膝略蹲。

(2) 跳起时，左腿注意里合扣踢。

(3) 右腿外摆要呈扇形，上体略前倾，要靠近面前击掌，击响要准确、响亮。

(4) 在击响的一瞬间，左腿屈膝收控于右腿内侧，或伸膝外展置于身体左侧。

(5) 在完成动作过程中，要注意起跳、拧腰、转体、里合左腿与外摆右腿动作紧密协调。

3. 错误纠正

练习时易出现转体不够、击拍不准等问题。因此，应多做向右后转体360度的“转体跳”和外摆腿击响练习，体会动作要领。

图 3-4-3

四、侧空翻

1. 动作方法

左脚蹬地，右腿从后方向上摆起，身体前屈，在空中做向左侧翻动作，右脚先落地，左脚随之落地。见图 3-4-4。

2. 技术要点

翻转要快，两腿要直。

3. 错误纠正

练习时易出现腰放松、腿弯曲等问题。因此，应注意甩腰速度要快，行进间练习时辅助者可用手撑住练习者肩部向上顶，腿向外伸展，挺膝。

图 3-4-4

五、旋子

图 3-4-5

1. 动作方法

（1）开步站立，身体右转，左脚跟离地，左臂前平举，右臂侧后举。

（2）左脚前脚掌踏地，身体平俯向左甩腰摆动，同时两臂伸直，随身体向左摆动。

（3）左腿屈膝蹬地起跳，身体悬空，两腿随身向左平旋，然后右脚先落地，左脚随之落地。见图 3-4-5。

2. 技术要点

挺胸、抬头，身体呈水平旋转，两腿分开高于水平。

3. 错误纠正

练习时易出现松腰、腿弯曲等问题。因此，应注意甩腰速度要快，腿向外伸展，挺膝。

第五节　平衡

平衡是一腿悬起，另一腿独立支撑体重的静止性动作。平衡可分为持久性平衡和非持久性平衡两种，其动作简单，造型优美，但对肌肉力量、平衡能力要求较高，掌握起来难度较大。要做好平衡动作，不仅要求髋部、腰部有较好的柔韧性，而且要有较好的肌肉控制力量。平衡动作包括提膝平衡、侧身平衡、燕式平衡、仰身平衡和扣腿平衡等。

一、提膝平衡

1. 动作方法

右腿直立支撑，左腿屈膝提起（过腰），脚面绷直，并垂扣于右腿前侧，目视左方。见图 3-5-1。

2. 技术要点

平衡站稳，提膝过腰，脚内扣。

3. 错误纠正

练习时易出现站立不稳、勾脚等问题。因此，应使支撑腿略屈膝调节，脚趾抓地，屈膝，绷平脚面。

图 3-5-1

图 3-5-2

图 3-5-3

二、侧身平衡

1. 动作方法

支撑腿直立站稳，上体侧身前俯呈水平，另一腿挺膝伸直举于体后，高于水平，脚面绷平或脚尖勾起，两臂分别向前下方和后上方展出。见图 3-5-2。

2. 技术要点

支撑腿站稳，上体与上举腿之间不要有角度，抬头。

3. 错误纠正

屈膝，脚趾抓地，注意向后举腿、上体前俯和两臂外撑的动作协调一致。

三、燕式平衡

1. 动作方法

左腿屈膝提起，亮掌在身前交叉，掌心向外，随即两掌向两侧直臂分开平举，上体前俯，左腿直腿后伸，高于水平，脚面绷平。见图 3-5-3。

2. 技术要点

两腿伸直，后举腿要高于头

顶水平部位，抬头。

3. 错误纠正

练习时易出现站立不稳等问题。因此，应使支撑腿略屈膝，脚趾抓地，注意向后举腿、上体前俯和两臂外撑的动作协调一致。

四、仰身平衡

1. 动作方法

支撑腿伸直或略站稳，上体后仰接近水平，另一腿伸直向体前上方举出，高于水平，脚面绷平，挺胸抬头。见图 3-5-4。

2. 技术要点

腹背部要紧张，抬头不要过大。

3. 错误纠正

练习时易出现身体后仰角度小、腿未超过腰部等问题。因此，应加强腹背肌肉和腿部柔韧性的练习。

图 3-5-4

五、扣腿平衡

1. 动作方法

撑腿屈膝半蹲，另一腿屈膝外展，脚尖绷平或勾起，踝关节紧扣于支撑腿的膝后窝处，挺胸、塌腰。见图 3-5-5。

2. 技术要点

支撑腿站稳，扣腿的脚要扣住。

3. 错误纠正

练习时易出现重心高、晃动等问题。因此，应用左腿紧扣右膝窝。

图 3-5-5

4 第四章 套路练习

长拳的特点是动作舒展大方、快速有力、节奏鲜明，多起伏转折。在技击上强调长击速打，主动出击，以快制慢，以刚为主。为了适应竞赛和更好地推广长拳运动，国家体育总局武术运动管理中心组织专家创编了规定套路，共包括四段内容。

第一节 第一段

第一段包括起势、并步十字掌、抡臂仆步拍掌、震脚砸掌、腾空外摆莲、弓步盘肘、弹腿压拳、单拍脚、垫步提膝横拳、击步腾空飞脚、旋风脚劈叉、震脚砸拳、跳盖步冲拳、侧踹脚推掌、弓步冲拳、弓步贯拳和前点步亮掌等。

图 4-1-1

一、起势

1. 动作方法

面向右斜前方，两脚并步站立，两手自然垂于体侧，五指并拢，贴靠于两腿外侧，目视前方。见图 4-1-1。

2. 技术要点

挺胸，抬头。

3. 错误纠正

练习时易出现体态松散、目光无神等问题。因此，应挺胸抬头，集中注意力。

二、并步十字掌

图 4-1-2

1. 动作方法

(1) 两脚不动，两臂外旋，向前上方摆起至肩高，掌心向上，目视前方。

(2) 两脚不动，两臂屈肘，两手收至腹前，分别经腰两侧向外划弧至胸前呈十字掌，指尖向上，左手在内，右手在外，头向左转，目视前方。见图 4-1-2。

2. 技术要点

立掌、摆头同时完成。

3. 错误纠正

练习时易出现动作不连贯、未走弧线等问题。因此，应强调动作的连贯性，反复练习。

三、抡臂仆步拍掌

1. 动作方法

(1) 左脚向右斜后方落步，脚前掌着地，两腿屈膝下蹲，两掌下落经腹前分开，左臂向前上方、右臂向后上方摆起，两掌虎口均向上，目视左掌前方。

(2) 左腿支撑，右脚向后抬起，两掌动作不变，目视前方。

(3) 左脚向右后方垫步跳，右脚向

右斜后方落步，右臂向前上方、左臂向后上方摆起，虎口均向上，目视前方。

(4) 上体右转，两臂随体转向右方立圆抡转，左臂摆至体前，右臂摆至体后方。

(5) 上体左转，左腿屈膝全蹲，右腿平仆接近地面呈右仆步，左臂向下、向后上方摆起，左掌虎口向上，右臂向前下摆，右掌向右腿内侧拍地，掌心向下，目视右掌。见图 4-1-3。

图 4-1-3

2. 技术要点

(1) 以腰带动两臂，抡拍要呈立圆。

(2) 仆步与拍地同时完成。

3. 错误纠正

练习时易出现两臂抡拍未呈立圆、仆步膝盖弯曲等问题。因此，应注意两臂贴近身体，仆步膝盖挺直。

四、震脚砸掌

1. 动作方法

(1) 左腿蹬直，重心移至右腿，屈右膝，右臂屈肘收至腹前，左臂向下经体前、经右臂上方向右上方摆起，目视前方。

(2) 身体左转，左脚跟内转落地，重

心移至左腿，腿伸直并独立支撑，右腿屈膝抬起，小腿内收；左臂随体转由上向下立圆摆至左胯旁，掌心斜向下，右手向下、向右上方摆起至头部右上方握拳，拳心向左，目视前方。

(3) 右脚向左脚内侧地面下落震踏，两腿同时屈膝下蹲，左臂摆至腹前，掌心向上，右臂外旋，屈肘向下，用右拳背砸击左掌心，目视右拳。见图 4-1-4。

图 4-1-4

2. 技术要点

抡臂要贴近身体，抡臂、砸拳同时完成。

3. 错误纠正

练习时易出现砸拳无力、动作不连贯等问题。因此，应反复练习，注意体会动作的力点。

五、腾空外摆莲

1. 动作方法

(1) 身体右转，左脚向右前方上步，脚尖略内扣，两臂分别向左右两侧下摆。

(2) 右脚向右弧形上步，脚尖外展，左臂前摆，右臂后摆。

(3) 右脚蹬地向上跳起，身体向右后转，左腿向右前上方摆起，当身体腾

空时，两臂上摆至头部前上方，右掌心拍击左掌背。

(4) 左腿屈膝提收，右腿向左上方摆起，经面前向右外摆，脚面绷平，脚尖略内扣；当右脚摆至面前时，左、右掌依次击拍右脚面，目视右脚。见图 4-1-5。

2. 技术要点

弧形上步，以腰带动身体，动作腾空，要有击响。

3. 错误纠正

练习时易出现右脚蹬地无力、动作未腾空、击拍落空等问题。因此，应反复练习，体会腾空动作要领。

图 4-1-5

六、弓步盘肘

1. 动作方法

两脚同时落地，左腿挺膝伸直，右腿屈膝半蹲呈右弓步，右臂伸直摆至身体右后方，右手握拳，拳心向下，略高于肩，左臂屈肘收至左胸前，拳心向下，头向左转，目视前方。见图 4-1-6。

2. 技术要点

挺胸，塌腰。

3. 错误纠正

练习时易出现弓步膝盖弯曲、上体过于前倾等问题。因此，应加强单个弓步的练习，体会动作要领。

图 4-1-6

七、弹腿压拳

1. 动作方法

(1) 左脚向右脚前上步，脚尖外展，并屈膝半蹲，左臂外旋伸直，虎口向上平摆向左侧，右臂向下落至体前，右拳经腹前上提、外翻，拳心向上，目视前方。

(2) 左腿略屈，独立支撑，右腿屈膝抬起，脚面绷平，向前上方弹出，脚高于胯，右拳下压于右大腿内侧，目视右脚。见图 4-1-7。

2. 技术要点

弹腿、压拳同时完成。

3. 错误纠正

练习时易出现弹腿力未达脚面，动作分解、不连贯等问题。因此，应注意体会动作的攻防含义。

图 4-1-7

八、单拍脚

1. 动作方法

(1) 右脚向左前方落步，脚尖外展，两拳变掌，两臂同时向左右两侧分开上摆，头向左转，目视前方。

(2) 左脚向右脚前上步，两臂摆至头前上方立圆交叉（左臂在内，右臂在外），然后再下摆至腹前分开，左臂向前，右臂向后摆起，虎口均向上，目视左掌。

(3) 右脚向前上步，两臂动作不变，目视前方。

(4) 左脚向前上步，重心移至左腿，两臂向前上方摆至头部前上方，左掌心拍击右掌背，目视前方。

(5) 左脚蹬地向上跳起，右脚面绷平，直腿上摆至面前，两臂手上外展，两掌心向外，目视右脚。见图 4-1-8。

2. 技术要点

上步单拍动作连贯，击拍响亮。

3. 错误纠正

练习时易出现单拍脚未腾空、击拍落空等问题。因此，应反复练习，体会动作要领。

图 4-1-8

九、垫步提膝横拳

1. 动作方法

(1) 左脚落地，两臂分别向左右两侧下落。

(2) 身体左转，右脚向左脚前落步，目视前方。

(3) 左脚向前上步，右臂屈肘，右手握拳摆至胸前，虎口向上，左臂向左平摆，左掌虎口向上，指尖向左，头向左转，目视前方。

(4) 重心移至左腿，左脚蹬地跳起，右腿向身体左侧屈膝抬起，小腿内收，脚面绷平，上体右转，右臂向身体右侧平摆，拳眼向上，拳面向右，左臂屈肘，左掌摆至右肩前，指尖向上，头向右转，目视前方。见图 4-1-9。

2. 技术要点

蹬地跳起同时向侧横拳，力点准确，协调一致。

3. 错误纠正

练习时易出现身体未腾空、配合不协调等问题。因此，应反复练习，体会动作要领。

图 4-1-9

十、击步腾空飞脚

1. 动作方法

(1) 左脚落地支撑，右脚向左脚前落步，右拳变掌向上、向左摆至体前与左臂交叉，头向左转，目视前方。

(2) 左脚向前上步，两臂下落，经腹前分别向前、后上方直臂摆动，两掌虎口均向上，目视前方。

(3) 左脚蹬地向上跳起，右脚在空中碰击左脚内侧，两臂向上水平摆起，目视前方。

(4) 左右脚依次向前落步，左臂向下、向后，右臂向下、向前摆起，目视前方。

（5）右脚向前上步，左臂向前上摆至头部前上方，右臂向上、向后立圆摆至身体右后方，目视前方。

（6）右脚蹬地向上跳起，左腿向前上摆起，右臂向前摆至头部前上方，左掌心拍击右掌背，目视前方。

（7）在空中左腿屈膝，小腿内收，脚面绷平，右腿伸直向前上摆起，当右脚高过肩时右掌心拍击右脚面，左臂略屈下落至胸前，指尖向上，目视前方。见图 4-1-10。

图 4-1-10

2. 技术要点

动作连贯，蹬地有力。

3. 错误纠正

练习时易出现蹬地无力、击拍落空等问题。因此，应注意击拍要响，击拍腿要过肩。

十一、旋风脚劈叉

1. 动作方法

（1）击响后右腿快速下摆，左腿提膝，左掌向左前方推出，臂伸直，指尖向上，右掌握拳屈肘收至腰右侧，拳心向上，目视左掌前方。

（2）右脚落地，左脚向前落步，脚尖外展，左臂下摆，右臂向后上方摆起。

（3）右脚向前上步，脚尖略内扣，两腿略屈下蹲，身体略左转，同时两臂向右下摆。

（4）身体向左上翻转，右脚蹬地向上跳起，左腿向左后上方摆起，两手臂随转身收至腰间。

（5）在空中左腿屈膝提起，右腿向上经面前向左抡摆，当脚摆至面前时，左掌心迎击右脚前脚掌，目视右脚。

（6）身体继续左转，右腿就势下落，两臂屈肘，两掌收至腰两侧，握拳，拳心向上。

（7）两脚同时前后分开落地呈劈叉，左腿在前，脚尖勾起，右腿在后，脚面绷平，两臂向身体左右两侧平行伸开，两掌指尖向上，目视前方。见图 4-1-11。

图 4-1-11

2. 技术要点

动作连贯，一气呵成，里合腿速度要快，要击响，摆动腿脚尖要过肩。

3. 错误纠正

练习时易出现两腿依次落地等问题。因此，旋风脚应腾空，转身、落地、劈叉同时完成。

十二、震脚砸拳

1. 动作方法

(1) 上体右转，同时两脚蹬地向上跳起并内收落地，头向左转，目视前方。

(2) 上体略向右转，左脚向左撤半步，前脚掌着地，右臂屈肘，左臂向下经体前、经右臂上方向右摆起，目视左掌。

(3) 身体左转，左脚跟内转落地，重心移至左腿，左膝伸直并独立支撑，右腿屈膝向上抬起，小腿内收；左臂随体转由上向下立圆摆至左胯旁，掌心斜向下，右手握拳向下、向右、向上摆至头部右侧上方，拳心向左，目视前方。

(4) 右脚向左脚内侧地面下落震踏，两腿同时屈膝下蹲，左臂摆至腹前，掌心向上，右臂外旋，屈肘向下，用右拳背砸击左掌心，目视右拳。见图 4-1-12。

2. 技术要点

砸拳要有力。

3. 错误纠正

练习时易出现动作分解等问题。因此，上下肢配合要协调一致，动作连贯。

图 4-1-12

十三、跳盖步冲拳

1. 动作方法

(1) 两脚蹬地向上跳起，右腿略向右摆，右前臂内旋，拳心向下、向右平行划弧至身体右侧，左臂屈肘，左掌内旋，经腹前向左后方平行划弧至身体左侧，目视前方。

(2) 左脚落地支撑，右脚由体前向左侧盖步落地，脚尖略外展，右腿屈膝半蹲，左腿伸直，左掌向前、向右平摆至右肩前，掌心向右，指尖向上，右拳向右后方划弧，经右腰侧向右前方冲出，拳眼向上，高与肩平，目视右拳。见图 4-1-13。

图 4-1-13

2. 技术要点

盖步要腾空，落地、冲拳同时完成，目随拳走。

3. 错误纠正

练习时易出现空中动作紧张等问题。因此，应注意动作要舒展、不僵硬。

图 4-1-14

十四、单拍脚

1. 动作方法

(1) 身体左转，左脚向前上步，同时右拳变掌，左掌向下由腹前向上摆起，虎口向上，指尖向前，头向左转，目视左掌。

(2) 右脚向前上步，左手臂向前上方摆起，右臂下摆，目视前方。

(3) 左脚向前上步，左臂向上摆至头部前上方，掌心向前，指尖向上，右臂向前上方摆起，在头前上方，左掌心拍击右掌背，目视前方。

(4) 左腿支撑，右腿伸直，脚面绷平向前上方摆起，当右脚摆至面前时，右掌心拍击右脚面，左臂上摆，掌心斜向前，目视右脚。见图 4-1-14。

2. 技术要点

动作连贯，身体保持正直，击拍到位。

3. 错误纠正

练习时易出现击拍落空、无力等问题。因此，应注意击拍脚脚尖过肩，身体不要过于前倾。

十五、侧踹脚推掌

1. 动作方法

(1) 身体左转，右脚由左脚前向左落地，脚尖外展，屈膝半蹲，两臂分别向下、在腹前交叉上摆至胸前呈十字掌，右掌在外，左掌在内，掌心向外，指尖向上，头向左转，目视前方。

(2) 重心移至右腿并伸直独立支撑，上体向右侧倾，左腿由左侧屈膝向上抬起，勾脚尖向左侧上方蹬出，脚高于腰；两臂屈肘，两掌收至腰侧，再向左右两侧伸臂推出，掌心向外，高与肩平，目视左脚。见图 4-1-15。

图 4-1-15

2. 技术要点

侧踹有力，力达脚掌。

3. 错误纠正

练习时易出现侧踹脚直摆等问题。因此，侧踹腿应由屈到伸，动作舒展。

十六、震脚砸拳

1. 动作方法

(1) 右腿略屈，左脚向左侧落步，前脚掌着地，右臂屈肘，右掌收至腹

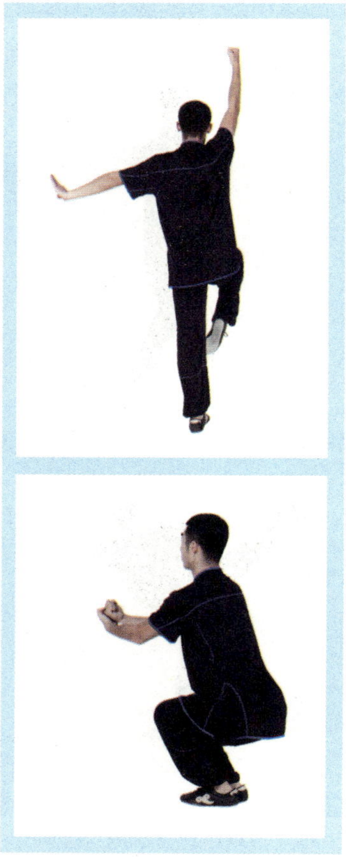

图 4-1-16

前，左臂向下由腹前向右上方摆起，头向右转，目视左掌。

(2) 身体左转，左脚跟内转落地，重心移至左腿，左腿伸直并独立支撑，右腿屈膝提起，小腿内收，右臂由腹前向右、向上立圆摆至头部右上方，握拳，臂略屈，左臂随体转由上向左、向下立圆摆至身体左侧，头向左转，目视前方。

(3) 右脚向左脚内侧地面下落震踏，两腿同时屈膝下蹲，左臂摆至腹前，掌心向上，右臂屈肘，向下用右拳背砸击左掌心，目视右拳。见图 4-1-16。

2. 技术要点

砸拳要有力。

3. 错误纠正

练习时易出现动作分解等问题。因此，应上下肢配合协调一致，动作连贯。

十七、弓步冲拳

1. 动作方法

(1) 左脚向前上步屈膝半蹲，右腿伸直呈左弓步，左掌变拳收抱至左腰侧，拳心向上，右前臂内旋向前冲出，拳心向下，拳面向前，高与肩平，目视前方。

(2)下肢动作不变，右臂外旋，右拳收抱至右腰侧，拳心向上，左臂内旋向前冲出，拳心向下，高与肩平，目视前方。见图 4-1-17。

图 4-1-17

2. 技术要点

冲拳有力，力达拳面。

3. 错误纠正

练习时易出现弓步时右腿膝盖弯曲等问题。因此，应挺胸、塌腰，上体不要前倾。

十八、弓步贯拳

1. 动作方法

下肢动作不变，上体略右转向左侧倾，左拳变掌，右臂向后伸直，右拳经体前向左弧形摆至头部左前上方，与左掌心相击，拳眼向下，目视前下方。见图 4-1-18。

图 4-1-18

2. 技术要点

动作走弧线，力达拳背。

3. 错误纠正

练习时易出现用力僵硬等问题。因此，动作应舒展，不要夹肩。

十九、前点步亮掌

1. 动作方法

重心右移，右腿直立支撑，左脚抬起向右脚前落步，脚尖着地，右拳变掌，两臂外旋，屈肘收至腹前，掌心向上，然后分别向体两侧分开，左手上摆至身体左侧，掌上翘沉腕，指尖向上，高与肩平；右掌上摆至身体右上方抖腕亮掌，指尖向左，头向左转，目视前方。见图 4-1-19。

2. 技术要点

动作舒展，点步、亮掌同时完成。

3. 错误纠正

练习时易出现动作松懈等问题。因此，应强调挺胸、抬头、小腹收紧。

图 4-1-19

第二节 第二段

第二段包括弧形步里合拍脚、垫步旋子、直身前扫腿、坐盘十字掌、上步穿掌、抡臂翻身、弓步劈拳、马步压肘、震脚砸拳、并步推掌、上步正踢腿和燕式平衡等。

一、弧形步里合拍脚

1. 动作方法

(1) 身体右转，右脚跟离地，脚前掌支撑，左腿屈膝抬起，小腿内收，脚面绷平，左臂外旋屈肘，左掌收至左腰侧，掌心向上，目视前方。

(2) 左脚向右前方落步，脚尖外展，右臂下落至身体右侧，左臂经体前向右前方伸出，掌心向上，指尖向前，目视左掌前方。

(3) 身体略向左转，右脚经左脚前向左前方弧形上步，脚尖略内扣，左臂内旋，掌心翻转向外并向左平摆，目视左掌前方。

(4) 左脚向左弧形上步，脚尖略外展，上肢动作不变，目视左掌前方。

(5) 右脚向左前方弧形上步，脚尖略内扣，上肢动作不变，目视左掌前方。

(6) 左脚向左前方上步，脚尖外展，上体左转，两臂向左平摆，目视前方。

(7) 左脚蹬地向上跳起，右腿经体前向左上方里合摆起，脚尖勾起并内扣，在空中左掌心迎击右脚掌，右臂伸直。见图4-2-1。

2. 技术要点

上步要走弧形，击拍响亮。

3. 错误纠正

练习时易出现上步不走直线、击响腿过肩等问题。因此，应反复练习弧形步和里合腿，体会动作要领。

图 4-2-1

二、垫步旋子

1. 动作方法

（1）在空中身体左转约180度，右腿下摆，左腿屈膝抬起，左臂内旋屈肘，掌心向下置于胸前，头向左转，目视前方。

（2）身体继续左转，右、左脚依次向前落步，左脚尖略外展，两臂继续向左平摆，两掌心向外，目视前方。

（3）右脚向左斜前方上步，脚尖内扣，身体向左后转，两臂继续向左后平摆。

（4）两臂在头上向左平绕一周后身体前俯，左脚向后摆起，右脚向后垫步跳，腿略屈。

（5）左脚前脚掌下落着地，脚跟内转着地并屈膝，重心移至左腿，上体前俯向左后方平摆，两臂随之向左后方摆动。

（6）身体继续向左后方拧转，左脚蹬地，右腿向后上方摆起，左腿随之摆起，两臂随转体向左后方摆，头向左转。见图4-2-2。

2. 技术要点

助跑动作要连贯，旋子要甩腰、腾空。

3. 错误纠正

练习时易出现身体未腾空等问题。因此，应用腰带动身体，动作轻盈。

图 4-2-2

三、直身前扫腿

1. 动作方法

（1）右脚落地，右腿屈膝半蹲，左腿摆至右脚后落地，两臂随之下落。

（2）左脚以脚跟为轴，脚尖外展，重心移至左腿并屈膝下蹲，右腿伸直，身体左转，两臂随转体向左平摆，目视前方。

（3）以左脚前掌为轴，身体向左后方转动，随之右腿伸直平仆，向左扫转450度，两臂随转体平摆，目视前方。见图 4-2-3。

2. 技术要点

以腰带动身体，上体要保持正直。

3. 错误纠正

练习时易出现扫转腿离地、膝盖弯曲等问题。因此,扫转腿应伸直,全脚掌着地。

图 4-2-3

四、坐盘十字掌

1. 动作方法

上体向左后转一周,两腿交叉叠拢下坐,臂部和右腿的大小腿外侧及脚面均着地,两臂随转体向左平摆至胸前,两掌十字交叉,右掌在外,指尖均向上,头向左转,目视前方。见图 4-2-4。

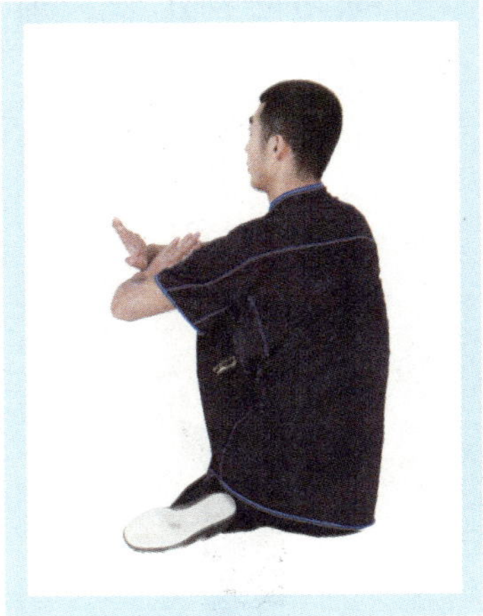

图 4-2-4

2. 技术要点

身体自然旋转一周呈歇步十字掌,动作配合要协调。

3. 错误纠正

练习时易出现身体失去平衡等问题。因此,身体不要过于紧张,目视前方。

五、上步穿掌

1. 动作方法

(1) 重心上移,两腿伸直,身体

向左后转 180 度，右脚向右后撤步，脚前掌着地，两臂分别由上方向左右、两侧分开，目视前方。

（2）右脚向前上步，并屈膝半蹲，左臂向后、向下摆至身体右后方时屈肘，左掌收至左腰侧，掌心向上，指尖向前，右掌向后、向下经右腰侧向前直臂伸出，掌心向上，指尖向前，高与肩平，目视前方。

（3）左脚向右脚前上步，脚尖内扣，左掌由右掌心向前方穿出，臂内旋，虎口向上，右臂内旋，屈肘收至腹前，目视左掌。见图 4-2-5。

2. 技术要点

目随手动，穿掌要贴近身体。

3. 错误纠正

练习时易出现动作分解等问题。因此，眼神、动作配合应协调一致。

图 4-2-5

六、抡臂翻身

1. 动作方法

(1) 右脚经左脚后向左侧落步，前脚掌着地，身体向右上方翻转，右臂向下经体前向右上方立圆摆起，左臂向下立圆摆动，头向右上转，目视右掌。

(2) 两脚以前脚掌为轴，身体继续向右上翻转，两臂随转体向右立圆抡摆一周，右臂摆至身体右后方，左臂摆至体前，目视左前方。

(3) 左腿屈膝向上提起，右腿独立支撑，右脚跟离地提起，以前脚掌为轴，身体向左上翻转，两臂伸展随转体立圆抡摆。

(4) 身体继续向左下方翻转，右腿屈膝半蹲，左脚向右脚前落步，脚尖外展，左臂随体转立圆摆至身体左上方，右臂立圆下摆至身体右下方，头向左转，目视左掌。见图 4-2-6。

2. 技术要点

以腰带动身体，动作要走立圆。

3. 错误纠正

练习时易出现动作未成立圆、失去平衡等问题。因此，应反复练习，体会动作要领。

图 4-2-6

七、弓步劈拳

1. 动作方法

(1) 左腿伸直，脚跟离地，独立支撑，右腿屈膝抬起，小腿内收，右脚贴靠左腿，左臂向上摆至头部左上方，右掌变拳，经体前向左上摆至头部左上方与左掌心相击，目视前方。

(2) 右脚向右前方落步并屈膝半蹲，左腿伸直呈右弓步，左手握拳，从身体左侧下落收抱至左腰侧，拳心向上，右手握拳直臂向前下方落，虎口向上，高与肩平，目视右拳。见图 4-2-7。

2. 技术要点

身体要挺直，弓步、劈拳同时完成，呈立拳。

3. 错误纠正

练习时易出现弓步动作不标准等问题。因此，弓步应后腿膝盖挺直，身体保持直立。

图 4-2-7

八、马步压肘

1. 动作方法

右脚尖略向内扣，左脚略内收，左腿屈膝半蹲呈马步，右臂外旋屈肘，右拳下压，目视右拳。见图 4-2-8。

2. 技术要点

马步规范，压肘力达右前臂外侧。

3. 错误纠正

练习时易出现用力松散等问题。因此，应注意体会动作的攻防含义。

图 4-2-8

九、震脚砸拳

1. 动作方法

(1) 重心右移，身体右转，左腿伸

直，右臂内旋，右拳变掌向下伸出，左臂向下伸直，左拳变掌，经腹前、右前臂上向右上方摆起，头向右转，目视左掌。

(2) 身体左转180度，左脚跟内转落地，重心移至左腿独立支撑，右腿屈膝抬起，小腿内收，脚面绷平，右臂经下向右、向上立圆摆至头部右上方握拳，臂略屈，拳心向左，左臂随转体向上、向左下立圆摆至左胯旁，头向左转，目视前方。

(3) 右脚向左脚内侧地面下落震踏，两腿同时屈膝下蹲，左臂摆至腹前，掌心向上，右臂外旋，屈肘向下，用右拳背砸击左掌心，目视右拳。见图4-2-9。

图4-2-9

2. 技术要点

砸拳要有力。

3. 错误纠正

练习时易出现动作分解等问题。因此，应上下肢配合协调一致，动作连贯。

十、并步推掌

1. 动作方法

两腿伸直，右拳变掌，两前臂内旋，两掌同时向身体左右两侧平行推出，高与肩平，掌心向外，指尖向上，目视前方。见图4-2-10。

图4-2-10

2. 技术要点

两臂端平，身体正直。

3. 错误纠正

练习时易出现推掌无力等问题。因此，应注意推掌，体会动作要领。

十一、上步正踢腿

1. 动作方法

（1）左脚向前上步，重心前移，上肢动作不变。

（2）左腿直立支撑，右脚勾脚尖，直腿向头部摆踢，目视前方。见图 4-2-11。

2. 技术要点

上步迅速，踢腿要有爆发力。

3. 错误纠正

练习时易出现正踢腿膝盖弯曲等问题。因此，应两腿伸直，右腿勾起向前摆踢。

图 4-2-11

十二、燕式平衡

1. 动作方法

(1) 右腿下落（不着地），上肢动作不变。

(2) 右脚向前落步，左脚收至右脚内侧，脚尖点地，两腿屈膝半蹲，两掌向内收至胸前交叉，两掌心均向外，指尖向上，目视前方。

(3) 上体前俯，右腿伸直独立支撑，左腿屈膝向后抬起，再向后上方伸直，脚面绷平，脚高于头；两掌同时向左右两侧分开，高与肩平；掌心向外，指尖斜向上，头略向上抬，目视前方。见图 4-2-12。

2. 技术要点

动作要稳，身体保持水平，两膝挺直，左腿高于头。

3. 错误纠正

练习时易出现身体失去平衡等问题。因此，应体会动作要领，脚趾抓地。

图 4-2-12

第三节 第三段

第三段包括盖步翻身、垫步提膝穿掌、腾空转身背腿跳、仆步双拍掌、弓步双推掌、扶地后扫腿、仆步穿掌、弹腿推掌、扣腿插掌、单拍脚、弓步顶肘和仆步插掌等。

一、盖步翻身

1. 动作方法

(1) 左脚向左侧落步，脚尖外展，两臂向下摆至体前交叉，右臂在外，左臂在内，两掌指尖均向下，目视右掌。

(2) 左腿支撑，右腿略向右侧上摆，右臂由左向上立圆摆至头部右上方，左臂向下、向左立圆摆至身体左侧，两臂展开。

(3) 身体向左转，右脚经左脚前向左侧落步，脚尖向前，左臂向左、向上，右臂向右、向下立圆抡摆。

(4) 左脚向左侧落步，脚尖外展，两臂继续向上、向下立圆抡摆，左臂摆至身体左上方，右臂摆至右胯旁。

(5) 右脚收至左脚内侧，两脚跟提起，脚前掌支撑，右掌由体前向左上摆至头部前上方，掌背与左掌心相击，目视前方。见图 4-3-1。

2. 技术要点

盖步前略停顿，翻身以腰为轴，划立圆。

3. 错误纠正

练习时易出现动作不稳、翻身划横等问题。因此，应强调以腰为轴，带动身体划立圆。

图 4-3-1

二、垫步提膝穿掌

1. 动作方法

(1) 身体右转，右脚向前方上步，左臂前摆，右掌向后摆至身体右后方，掌心向下，目视前方。

(2) 身体略向左转，左脚向右前方弧形上步，脚尖略内扣，左臂向下由身体左侧立圆摆至左后上方，右臂向下由身体右侧向前上方立圆摆起，目视前方。

(3) 右脚向右前方弧形上步，身体略向右转，左臂随身体转动摆至身体前上方，右臂向上、向后立圆摆至右后方，目视前方。

(4) 左脚向前屈膝抬起，小腿内收，脚面绷平，右脚蹬地向前上方垫步跳，右臂屈肘，右掌由右腰侧向前穿出，指尖向前，掌高与胸平，左臂向下、向后摆至身体左后方变勾手，指尖向上，目视前方。见图 4-3-2。

2. 技术要点

上步迅速，提膝、穿掌、跳起同时完成。

图 4-3-2

3. 错误纠正

练习时易出现脚尖松散等问题。因此，跳起时应左脚尖绷直。

三、腾空转身背腿跳

1. 动作方法

(1) 右、左脚依次向前落步，左勾变掌，两臂略下落，目视前方。

(2) 右脚向右前方上步，脚尖外展，左臂向前摆起，右臂向后摆起，目视前方。

(3) 右脚向上蹬地跳起，左腿向前

上方摆起，身体向右后转 180 度，在空中两腿向后上方摆起，腿略屈，两掌向上摆至头上方，左掌心拍击右掌背，目视前方。见图 4-3-3。

2. 技术要点

上步转身动作迅速，跃起时，身体要展开。

3. 错误纠正

做动作时出现缩头、缩颈等问题。因此，应注意动作舒展。

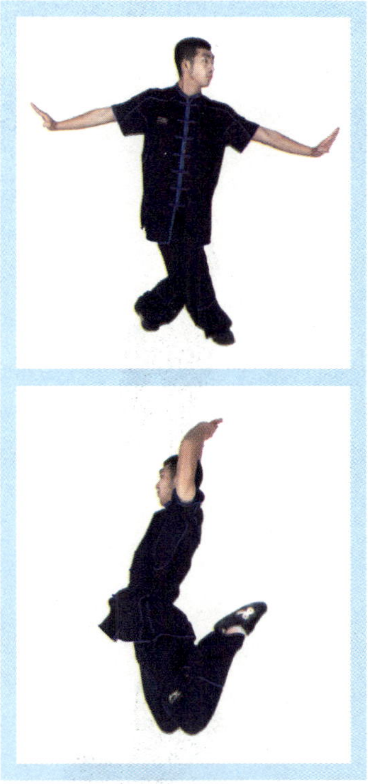

图 4-3-3

四、仆步双拍掌

1. 动作方法

脚向前，右脚向下同时落地，左腿伸直平仆,右腿屈膝全蹲呈左仆步，两掌心向左腿内侧地面拍击。见图 4-3-4。

2. 技术要点

落地仆步、拍地同时完成。

3. 错误纠正

练习时易出现仆步膝盖弯曲等问题。因此，左仆步膝盖应挺直，拍地不要过近。

图 4-3-4

五、弓步双推掌

图 4-3-5

1. 动作方法

(1) 重心上移，身体左转，左腿伸直，右腿屈膝抬起，脚面绷平，两臂向上摆起至头部前上方，左掌心拍击右掌背，目视前方。

(2) 右脚向左脚内侧落地震踏，同时左腿屈膝向上抬起，两臂向前下落，两掌分别收至腰侧，掌心向上，指尖向前，头向右转，目视右掌。

(3) 左脚向前上步，左腿屈膝半蹲，右腿伸直呈左弓步，两臂内旋，两掌向前推出，指尖向上，高与肩平，目视前方。见图 4-3-5。

2. 技术要点

上步震脚动作迅速，推掌时力达掌根。

3. 错误纠正

练习时易出现弓步不到位、推掌无力等问题。因此，应左腿弓平，右腿膝盖挺直，推掌、弓步同时完成，力达掌根。

六、扶地后扫腿

1. 动作方法

（1）上体右转前俯呈右仆步，两掌向右腿内侧地面插落，目视右脚。

（2）两掌推地，以左脚掌为轴，右脚尖内扣，脚掌擦地向后平扫一周，右臂随转体摆至体前，左臂摆至体后，目视右掌。见图 4-3-6。

2. 技术要点

以左脚为轴，用腰带动身体，右腿膝盖挺直，扫地一周。

3. 错误纠正

练习时易出现扫转腿弯曲等问题。因此，后扫应迅速，身体保持平稳。

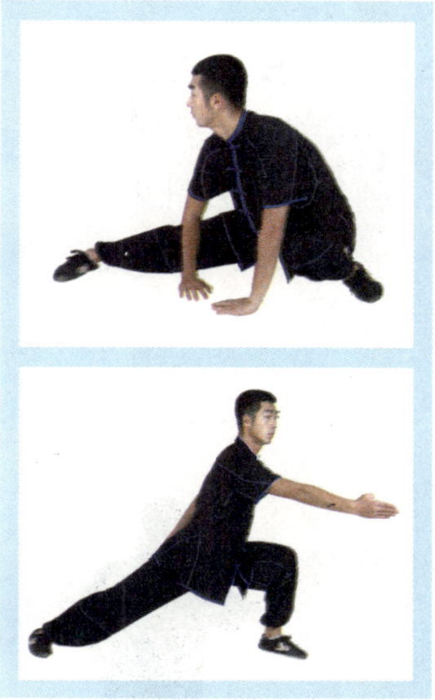

图 4-3-6

七、仆步穿掌

1. 动作方法

（1）身体右转，右脚跟内转落地，重心右移，右腿屈膝半蹲，左腿伸直，右掌向上、向下立圆抡摆收至右腰侧，掌心向上，指尖向前，左掌向上、向下摆至体前，臂略屈，掌心向下，指尖向右，目视左掌。

（2）右掌经左手背上方向前上方穿出，掌心向上，指尖斜向上，左掌收至右腋下，掌心向下，指尖向右，目视右掌。

（3）右腿全蹲呈左仆步，上体前俯并左转，右掌沿左腿内侧向前穿出，臂伸直，虎口向上，指尖向前，头向左转，目视左掌。见图 4-3-7。

2. 技术要点

穿掌有力，贴近身体，转髋要快，仆步到位。

3. 错误纠正

练习时易出现动作分解、不连贯等问题。因此，应动作舒展，目视左掌。

图 4-3-7

八、弹腿推掌

1. 动作方法

(1) 左腿屈膝蹬起，重心向前上移，右脚向前上蹬直，再向左脚前方上一步，膝略屈，左臂随起身上摆，右臂略下落至身体右侧，目视前方。

(2) 左脚向前上步，左臂屈肘，左掌收至左腰侧，掌心向上，指尖向前，右臂经身体右侧向前上方摆起，掌心向上，指尖向前，目视前方。

(3) 左腿独立支撑，右腿屈膝抬起，小腿内收，脚面绷平向前弹出，右臂屈肘，右手握拳收抱于右腰侧，拳心向上，左掌向前推出，指尖向上，目视左掌。见图 4-3-8。

2. 技术要点

动作连贯，弹腿、击掌同时完成。

3. 错误纠正

练习时易出现弹起腿未经屈伸、推掌无力等问题。因此，应弹腿时力达脚尖，击掌有力，力达掌根。

图 4-3-8

图 4-3-9

九、扣腿插掌

1. 动作方法

右脚向前落步，重心移至右腿并屈膝半蹲，左腿屈膝抬起，勾脚尖，脚面贴扣于右膝后，右拳变掌向前伸出，虎口向上，指尖向前，左臂向下经身体左侧向后上方摆起，虎口向上，指尖向后，目视右掌。见图 4-3-9。

2. 技术要点

动作平稳，插掌有力。

3. 错误纠正

练习时易出现身体失去平衡等问题。因此，应五趾抓地，身体保持平稳。

十、单拍脚

1. 动作方法

(1) 左脚向左前方落步，左臂屈肘，左掌向腹前下方穿插，右臂向下、向前摆至体前与左臂交叉，目视前方。

(2) 右脚向前上步，右臂继续向上、向后立圆摆至身体右后方，虎口向上，指尖向后，左臂向前上摆至身体前上方，虎口向上，指尖向前，目视前方。

(3) 左脚向前上步，左臂向上摆至

头部前上方，右臂向下经身体右侧向前上方立圆摆至头部前上方，左掌心拍击右掌背，目视前方。

(4) 左腿支撑，右腿伸直，脚面绷平，向前上方摆起，当摆至面前时，右掌心拍击右脚面，左臂举于斜上方，目视右脚。见图 4-3-10。

图 4-3-10

2. 技术要点

上步单拍动作连贯，击拍响亮。

3. 错误纠正

练习时易出现顶肘无力等问题。因此，应注意以腰带肘。

十一、弓步顶肘

1. 动作方法

(1) 右脚向左脚内侧落步，同时左腿屈膝抬起，右臂向右下方摆至身体右侧，臂伸直，掌心向下，指尖向右，左掌下落至右胸前，掌心向下，指尖向右，目视右掌。

(2) 左脚向左侧落步，左腿屈膝半蹲，右腿伸直呈左弓步，左掌变拳，右臂屈肘，右掌心贴于左拳面，左肘尖向左侧顶出，头向左转，目视前方。见图 4-3-11。

2. 技术要点

左弓步、顶肘同时完成，力达左肘。

3. 错误纠正

练习时易出现顶肘无力等问题。因此，应注意以腰带肘。

图 4-3-11

十二、仆步插掌

图 4-3-12

1. 动作方法

上体右转略前倾，左腿全蹲，右腿平仆接近地面呈右仆步，左拳收抱于左腰侧，拳心向上，右掌沿右腿内侧向前伸出，虎口向上，指尖向前，头向右转，目视右掌。见图 4-3-12。

2. 技术要点

弓步转仆步转髋要快。

3. 错误纠正

练习时易出现仆步膝盖弯曲等问题。因此，应仆步膝盖挺直，两肩打开，不要夹紧。

第四节 第四段

第四段包括歇步勾手亮掌、震脚砸拳、提膝勾手亮掌、转身提膝推掌、垫步侧空翻、击步斜拍脚、回身弓步冲拳、震脚砸拳、虚步架栽拳、丁字步按掌和收势等。

一、歇步勾手亮掌

1. 动作方法

(1) 重心前上移，左腿蹬直，右腿屈膝半蹲，右前臂外旋，向前平摆，左拳变掌，向右经右前臂上方向前伸出，指尖向右前方，目视左掌。

(2) 重心左移，右腿抬起由左腿后方向左侧落步，前脚掌着地，两腿交叉，屈膝全蹲，臀部坐于右小腿接近脚跟处，左臂内旋，掌心翻转，向外以由体前向左平摆至左后方变勾手，勾尖向上，右臂向左平行划弧，经腹前屈肘向右摆至身体右斜上方伸臂，内旋抖腕亮掌，虎口斜向下，指尖向左，头向左转，目视前方。见图 4-4-1。

图 4-4-1

图 4-4-2

2. 技术要点

歇步亮掌，两臂要打开。

3. 错误纠正

练习时易出现动作僵硬等问题。因此，应动作舒展，目随手动。

二、震脚砸拳

1. 动作方法

(1) 重心上移，右腿支撑略屈，左脚抬起向左侧落步，前脚掌着地，右臂屈肘下落至腹前，左勾变掌，左臂下落，经体前右臂上方向右摆出，头向右转，目视左掌。

(2) 身体左转，左脚跟内转落实，重心移至左腿并独立支撑，右腿屈膝抬起，小腿内收，脚面绷平，右臂经腹前向右、向上立圆摆起至头部右上方握拳，臂略屈，左臂向上、向左立圆摆至左胯旁，掌心斜向前，目视前方。

(3) 右脚向左脚内侧下落震踏，两腿同时屈膝半蹲，左臂摆至腹前，掌心向上，右臂屈肘向下，用右拳背砸击左掌心，目视右拳。见图 4-4-2。

2. 技术要点

抡臂要贴近身体，抡臂、砸拳同时完成。

3. 错误纠正

练习时易出现动作僵硬等问题。因此，应动作舒展，目随手动。

三、提膝勾手亮掌

1. 动作方法

(1) 右脚向后退步，左掌收摆至腹前，掌心向内，右拳变掌向前摆出，目视前方。

(2) 重心后移至右腿伸直并独立支撑，左腿屈膝抬起，小腿内收，脚面绷平，右掌向上立圆摆至右后上方呈勾手，勾尖向下，左臂向前摆起，沉腕挑掌，指尖向上，目视前方。见图 4-4-3。

2. 技术要点

绕臂时贴近身体，勾手塌腕，提膝、挑掌同时完成。

3. 错误纠正

练习时易出现动作不稳等问题。因此，应两臂伸直，提膝达水平，左脚脚尖绷平，保持身体平稳。

图 4-4-3

四、转身提膝推掌

1. 动作方法

（1）身体略右转，左脚向前落步，脚尖外展，右臂在头上向左平摆，左臂向右平摆至右腋下，掌心向下，头向上仰，目视右手。

（2）右脚向左脚前上步，脚尖内扣，身体左后转，左臂随体转向左平摆一周，左掌下按至体前，掌心斜向下，右臂在头上向左后方平摆至身体右侧屈肘，右掌收于右腰侧，掌心向上，目视左掌。

（3）重心后移，右腿伸直并独立支撑，左腿屈膝抬起，右掌向前推出，指尖向上，掌高与肩平，左臂屈肘，左掌收至右肩前，掌心向右，指尖向上，目视右掌。

（4）身体向左转，以右脚掌为轴脚跟向外碾转，左掌经体前从左腰侧向前推出，指尖向上，掌高与肩平，头向左转，目视前方。见图 4-4-4。

2. 技术要点

转身时动作要轻盈，头要随手转动。

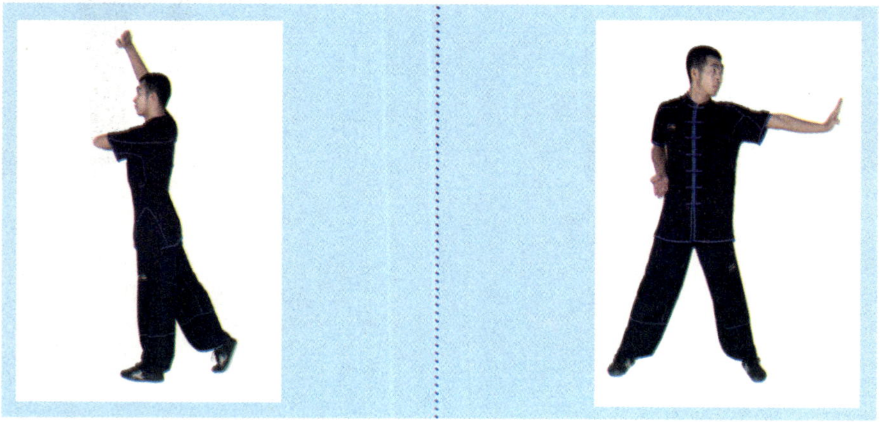

图 4-4-4

3. 错误纠正

练习时易出现动作分解等问题。因此，应动作连贯，重心平稳。

五、垫步侧空翻

1. 动作方法

(1) 左脚向前落步，重心前移至左腿，上肢动作不变，目视前方。

(2) 右脚向前上步，重心前移至右腿，上肢动作不变，目视前方。

(3) 左脚抬起，右脚向前垫跳一步，左脚向前上步蹬地，上体向左下方侧倾，右腿向右上方摆起，两臂自然摆动。

(4) 左脚离地向上立圆摆起，两腿在空中分开，身体在空中呈倒立状，两臂随之摆动。见图 4-4-5。

2. 技术要点

右脚蹬地，甩腰，要走立圆。

3. 错误纠正

练习时易出现身体未腾空、空中腿弯曲等问题。因此，应注意蹬地、甩腰等动作到位，体会动作要领。

图 4-4-5

六、击步斜拍脚

1. 动作方法

(1) 右、左脚依次落地，右腿屈膝半蹲，左脚前脚掌着地，身体上起，目视前方。

(2) 重心左后移，身体左转，右脚蹬地向上跳起，在空中右脚向左脚内侧碰击，左臂向上经身体左侧立圆摆至后方，右臂向上摆起，目视前方。

(3) 右、左脚依次向前落步，左臂向后上方摆起，右臂向前下方摆动，目视前方。

(4) 重心前移，左脚蹬地向上跳起，在空中右腿伸直，脚面绷平，向前上方摆起，当右脚摆至面前时，以左掌心拍击右脚面，右臂向右后方摆起，指尖向后，目视右脚。见图 4-4-6。

2. 技术要点

转身抡拍，两臂贴近身体，击响腿要过肩。

3. 错误纠正

练习时易出现两臂划横等问题。因此，两臂应划立圆，目随手动。

图 4-4-6

七、回身弓步冲拳

1. 动作方法

（1）左脚落地，右脚向后落步，前脚掌着地，左臂向下由身体左侧向后摆动，右臂向下由身体右侧向前上摆起，目视前方。

（2）身体向右后转 180 度，右臂随转体向上、向后立圆摆至身体右腰侧抱拳，拳心向上，左臂随转体向前、向上摆起至头部前上方，指尖向右，右腿屈膝抬起，目视前方。

（3）右脚向左脚内侧用力下落震踏，同时左腿屈膝抬起，脚面绷平，左臂下落至体前，掌心向上，指尖向右，目视前方。

（4）左脚向前上步，左腿屈膝半蹲，右腿伸直呈左弓步，右前臂内旋向前冲出，拳心向下，拳面向前，拳高与肩平，左掌变拳屈肘收于左腰侧，拳心向上，目视前方。

（5）左弓步不变，身体略右转，左前臂内旋，左拳向前冲出，拳心向下，拳面向前，右臂外旋屈肘，右拳收于右腰侧，目视前方。

（6）身体右后转 180 度，左脚跟外展，左腿伸直，右脚跟内转，右腿屈膝半蹲呈右弓步，右臂内旋，右拳向前冲出，拳心向下，拳面向前，高与肩平，左臂动作不变，目视前方。见图 4-4-7。

图 4-4-7

2. 技术要点

动作连接要顺畅，冲拳有力。

3. 错误纠正

练习时易出现动作分解、重心不稳等问题。因此，应保持身体直立，重心稳定。

八、震脚砸拳

1. 动作方法

(1) 重心右上移，身体右转，左脚向斜后方落步，右臂屈肘下摆至体前，左臂向下由体前右臂上方向右上摆，目视左掌。

(2) 重心后移，身体左转，左脚跟内转落地，重心移至左腿，左腿伸直并独立支撑，右腿屈膝抬起，小腿内收，脚面绷平，左臂向上、向左立圆摆至右胯旁，掌心斜向下，右掌握拳向下、向右上方弧形摆起，至头部右上方握拳，拳面向上，拳心向左，目视前方。

(3) 右脚向左脚内侧地面下落震踏，两腿同时屈膝半蹲，左臂摆至腹前，掌心向上，右臂屈肘向下，用右拳背砸击左掌心，目视右拳。见图 4-4-8。

2. 技术要点

抡臂要贴近身体，抡臂、砸拳同时完成。

3. 错误纠正

练习时易出现动作分解、重心不稳等问题。因此，应保持身体直立，重心稳定。

图 4-4-8

九、虚步架栽拳

1. 动作方法

（1）重心左上移，右脚向右斜后方退步，右拳收至右腰侧，拳心向上，左掌向下、向前弧形摆起，掌心向上，目视左掌。

（2）重心后移，右腿独立支撑，左腿屈膝抬起，左掌上摆，右拳变掌向右后上方摆起，掌心向上，指尖斜向后，头向右转，目视右掌。

（3）右腿屈膝半蹲，左脚向左前方落步，脚尖着地呈左虚步，右掌变拳上摆至头部右上方，臂内旋并略屈，拳心斜向上，虎口斜向下，左臂屈肘，左掌变拳向内、向下划弧至左膝上，拳面斜向下，头向左转，目视前方。见图 4-4-9。

2. 技术要点

虚步要虚实分明，右臂架拳于头上，臂略弯曲。

3. 错误纠正

练习时易出现虚实不分、动作僵硬等问题。因此，应动作舒展，不要耸肩。

图 4-4-9

十、丁字步按掌

1. 动作方法

(1) 右腿支撑，左脚向后方撤步，脚前掌着地，两拳变掌，左臂外旋，左掌收经左腰侧后方向前伸出，掌心向上，指尖向前，右掌向右后、向下划弧绕至右腰侧后方，向前伸出，掌心向上，指尖向前，两掌高与胸平，目视前方。

(2) 重心后移，右脚向右斜后方退步，脚尖略外展，身体略右转，两臂下落，然后向两侧分开上摆至身体左右两侧，两掌心均向上，头向右转，目视右掌。

(3) 右腿伸直支撑，左脚跟收至右脚内侧，两臂同时上摆至头上方后屈肘，两掌分别下按至身体左右两侧胯旁，掌心向下，臂略屈，头向左转，目视左前方。见图 4-4-10。

2. 技术要点

动作舒展，挺胸、抬头、收腹，按掌、摆头同时完成。

3. 错误纠正

练习时易出现动作分解、僵硬等问题。因此，应动作自然、连贯。

图 4-4-10

十一、收势

1. 动作方法

(1) 右脚向前上步，两臂伸直，两掌下落至身体左右两侧，掌心向内，指尖向下，头略向右转正，目视前方。

(2) 右脚向前收并至左脚内侧，目视前方。见图 4-4-11。

2. 技术要点

动作连贯，调整呼吸。

3. 错误纠正

练习时易出现动作松懈等问题。因此，应体态自然，精神饱满。

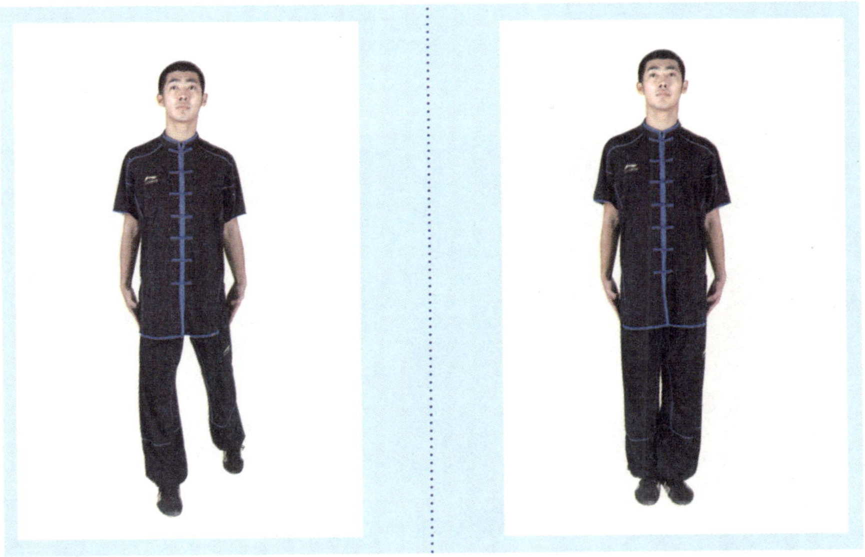

图 4-4-11

5

第五章 比赛规则

制定各项运动的比赛规则，有助于全民健身运动的深入开展。比赛参与者应该了解运动规则的基本知识，以使自己在比赛过程中游刃有余地发挥技术水平。比赛观赏者也只有在了解基本规则的前提下，才能够充分体验到观赏比赛的乐趣。

第一节 比赛方法

选手要按照一定的方法进行比赛，并须遵循一定的规则，使比赛有序进行。

一、比赛性质

1. 比赛类型

长拳比赛包括个人赛和团体赛。

2. 年龄组别

(1) 成年组：18 周岁以上（含 18 周岁）。

(2) 少年组：12 周岁至 17 周岁。

(3) 儿童组：不满 12 周岁。

3. 套路时间

(1) 长拳自选套路不得少于 1 分 20 秒。

(2) 如果分年龄组比赛，则成年组为 1 分 20 秒，少年组为 1 分 10 秒，儿童组为 1 分钟。

二、比赛流程

比赛流程包括进场、起势、收势和退场等。

1. 选手听到点名或看到电子屏显示姓名后，应立即进场，待裁判长示意后，即可走向起势位置。

2. 选手身体任何部位开始动作即为起势（计时开始），集体项目在行进间开始动作者，须事先向裁判申明。

3. 选手完成整套动作后，须并步收势（计时结束），再转向裁判长行注目礼，然后退场。

4. 选手应在同侧场地内完成相同方向（左右不得超过90度）的起势与收势，集体项目必须在场内完成起势与收势，方向、位置不限。

5. 选手听到上场比赛点名和赛后示分时，应向裁判长行抱拳礼。

第二节 裁判方法

在比赛过程中，裁判员通过履行职责，进行正确的裁判工作，来保证比赛的公平、公正。

一、裁判员

（一）总裁判组

设总裁判长 1 人，副总裁判长 1 ～ 2 人。

（二）各裁判组工作

裁判组设裁判长 1 人、副裁判长 2 人；A 组评分裁判员 2 ～ 3 人；B 组评分裁判员 2 ～ 3 人；C 组评分裁判员 2 ～ 3 人。

（三）编排记录组

设编排记录长 1 人，成员 3 ～ 5 人。

（四）检录组

设检录长 1 人，检录员 3 ～ 6 人。

二、评分方法与标准

（一）评分方法

1. 裁判由评判动作质量（A 组）的裁判员 3 ～ 4 名（含第

一副裁判长）、评判演练水平（B组）的裁判员4名（含裁判长）和评判难度（C组）的裁判员3～4名（含第二副裁判长）组成。

2. 各项比赛的满分为10分，其中动作质量的分值为5分，演练水平的分值为3分，难度的分值为2分。

3.A组裁判员根据选手现场完成动作的质量，用动作质量的分值减去各种动作规格错误和其他错误的扣分，即为选手的动作质量分。

4.B组裁判员按照套路动作劲力、节奏及音乐的要求，整体评判后确定的等级平均分数减去对套路编排错误的扣分，即为选手的演练水平分。

5.C组裁判员根据选手现场整套动作难度完成的情况，按照各项目动作难度和连接难度的确认标准，确定选手现场完成动作难度、连接难度的累计分，即为选手的难度分。

（二）动作质量评分标准

选手现场完成套路动作的规格与要求不符，每出现1次扣0.1分；其他错误每出现1次扣0.1～0.3分。

（三）演练水平评分标准

1. 劲力、节奏、音乐的评分标准

（1）凡劲力充足，用力顺达，力点准确，节奏分明，动作与音乐和谐一致者为"很好"，得2.51～3.00分。

（2）凡劲力较充足，用力较顺达，力点较准确，节奏较分明，动作与音乐较和谐一致者为"一般"，得1.91～2.50分。

（3）凡劲力不充足，用力不顺达，力点不准确，节奏不分明，动作与音乐不和谐一致者为"较差"，得1.01～1.90分。

2. 编排的评分标准

选现场完成套路时，必选的主要动作每缺少1个扣0.2分；套路的结构、布局与要求不符，每出现1次扣0.1分。

（四）难度动作的评分标准

1. 动作难度（1.4 分）

根据各项目“动作难度等级内容及分值确定表”，评分如下：

（1）每完成 1 个 A 级动作可获得 0.2 分。

（2）每完成 1 个 B 级动作可获得 0.3 分。

（3）每完成 1 个 C 级动作可获得 0.4 分。

（4）每个动作难度分只能计算 1 次，动作难度分的累计中，如超过了 1.4 分，则按 1.4 分计算。

（5）选手现场所做的动作难度不符合规定要求，则不计算动作难度分。

2. 连接难度（0.6 分）

根据各项目“连接难度等级内容及分值确定表”，评分如下：

（1）每完成 1 个 A 级连接可获得 0.05 分。

（2）每完成 1 个 B 级连接可获得 0.1 分。

（3）每完成 1 个 C 级连接可获得 0.15 分。

（4）每完成 1 个 D 级连接可获得 0.2 分。

（5）每个连接难度分只能计算 1 次，连接难度分的累计中，如超出了 0.6 分，则按 0.6 分计算。

（6）选手现场完成的连接难度不符合规定要求，则不计算连接难度分。

3. 创新难度加分

现场成功完成被确认的创新难度，则由裁判长按加分标准给予加分。其标准为：

（1）完成 1 个创新的 B 级动作难度（含连接难度）加 0.2 分。

（2）完成 1 个创新的 C 级动作难度（含连接难度）加 0.3 分。

（3）完成 1 个创新的超 C 级动作难度加 0.4 分。

（4）由于失败或与鉴定确认动作难度不符，不予加分。

（五）应得分数的确定

1. 动作质量应得分的确定

（1）A组2名裁判员、1名副裁判长评分时，2名以上裁判员对选手同一个动作错误和其他错误扣分的累计之和，即为动作质量的应扣分，用动作质量的分值减去应扣分，即为选手动作质量的应得分。

（2）A组3名裁判员、1名副裁判长评分时，2名裁判员对选手同一个动作错误和其他错误扣分（或1名裁判员和1名副裁判长对选手同一个动作错误和其他错误扣分）的累计之和，即为动作质量的应扣分，用动作质量的分值减去应扣分，即为选手动作质量的应得分。

2. 演练水平应得分的确定

B组中4名裁判（含裁判长）对套路劲力、节奏、音乐示出的等级分数的平均值减去2名以上对同一套路编排错误扣分的累计之和，即为选手演练水平应得分，应得分可取到小数点后2位数，第3位数不做四舍五入。

3. 难度应得分的确定

（1）C组2名裁判员、1名副裁判长评分时，2名以上裁判员对选手同一个动作难度和连接难度确认分数的累计之和，即为难度应得分。

（2）C组3名裁判员、1名副裁判长评分时，3名以上裁判员对选手同一个动作难度和连接难度确认（或2名裁判员和1名裁判长对选手同一个动作难度和连接难度确认）分数的累计之和，即为难度应得分。

（六）选手最后得分的确定

动作质量应得分、演练水平应得分和难度应得分之和即为选手的应得分数。裁判长从选手的应得分中减去“裁判长的扣分”，加上创新难度的加分即为选手的最后得分。